耳を鍛えて合格!

HSK 6級 リスニングドリル

李増吉 編

SANSHUSHA

はじめに

新HSKとは、中国国家漢語国際推進事務室が中国国内外の中国語教育、言語学、心理学及び教育測定学などの領域の専門家を集め、海外における中国語教育の実情を充分に調査・分析した上で、一般の中国語学習者と中国語専攻学習者、そして中国における中国語学習者および中国外における中国語学習者の差異も考慮し、旧HSKの特長を活かしつつ、近年の国際言語測定試験に関する最新研究成果も取り入れた『国際中国語能力標準』に基づいて作成された国際中国語能力標準化試験です。中国語を母国語としない中国語学習者の生活面、学習面及び仕事面における中国語のコミュニケーション能力を測ることに重点を置いています。

私たちがこの問題集を作成したのは、本書による学習を通じて、受験者の皆さんが新HSK（6級）試験の聴解部分の問題形式・試験時間及び試験のポイントを理解して、この分野における時間配分や問題のコツなど実際の試験感覚を短期間で養うようにするためです。

本書の編集にあたり、私たちは中国国家漢語国際推進事務室/孔子学院本部が編纂した新HSK（6級）要項、サンプル問題、単語表をよく検討し、さらにサンプル問題中の単語表にない単語についても統計を行い、試験問題の難易度をより正確に把握して、模擬問題をより実際の問題に近づけました。編集の過程で、私たちは何度も改良を重ね、最良の問題を選び、試験のポイントを明らかにしました。

本書で使用した問題の多くは新聞や雑誌から抜粋したもので、試験問題の特徴に基づき、修正を加えました。原文作者の方に、心からお礼申し上げます。

編者

原著『跨越新HSK 听力专项训练(六级)』より
＊本書はHSKの試験作成に長年携わってきた北京語言大学出版社の『跨越新HSK 听力专项训练(六级)』の日本語版です。

本書の特徴

●模擬試験を5回分

試験と同じ形式のリスニング部分の模擬試験を5回分収録しています。

●リスニング問題の音声はMP3音声ファイルで収録

付属CD-ROMの音声は、MP3音声ファイルです。

音楽CDではないので、パソコンなどMP3ファイルに対応可能な機器をご利用ください。

なお、ファイルは各部単位で分かれています。

目　次

第1回

第2回

第3回

目　次

試験概要

試験概要

HSK6級は、受験生の日常中国語の応用能力を判定するテストです。「中国語の音声情報や文字情報を不自由なく理解することができ、自分の意見や見解を流暢な中国語で口頭または書面にて表現することができる」ことが求められます。

●学習目安

主に5,000語かそれ以上の常用単語を習得している者を対象としています。

●点数と評価

聞き取り、読解、作文の配点はそれぞれ100点、合計300点で評価されます。

※6級では、成績証に合否は表記されず、獲得スコアのみ表記されます。

（2013年試験より合否の表記がなくなりました）

●試験概要

6級の試験は聞き取り、読解はマークシート方式、作文は記述式の問題となっています。

試験は、説明および聞き取りの放送を含め、全て中国語で行われます。

試験概要

●試験内容

■聞き取り:約35分間(放送回数1回)

パート	形式	問題内容	問題数
第1部分	文の内容に関する問題	短文が放送され、その内容と一致するものを4つの選択肢から選ぶ。	15題
第2部分	会話の内容に関する問題	2人の短い会話とその内容に関する複数の問いが放送される。問いの答えとして正しいものを4つの選択肢の中から選ぶ。	15題
第3部分	長文の内容に関する問題	まとまった長さの問題文と、その内容に関する複数の問いが放送される。問いの答えとして正しいものを4つの選択肢から選ぶ。	20題

■読解:50分

パート	形式	問題内容	問題数
第1部分	誤りのある文を選択する問題	語句や文法上の間違いがある文を4つの選択肢から選ぶ。	10題
第2部分	空所補充問題	文中の空所部分に、4つの選択肢から適切な単語の組み合わせを補い、意味の通る文を作る。	10題
第3部分	空所補充問題	長文中の空所部分に5つの選択肢からそれぞれ1つずつ適切な文を補い、意味の通る文章を作る。	10題
第4部分	長文読解問題	長文とその内容に関する複数の問いが与えられており、問いの答えとして正しいものをそれぞれ4つの選択肢から選ぶ。	20題

■作文:問題黙読10分間・作文35分間

パート	形式	問題内容	問題数
	作文問題	与えられた文章を読み、400字以内で要約する。	1題

・試験開始の前に、解答用紙に個人情報を記入する時間が5分間与えられます。
・聞き取りの試験終了後に、解答用紙に記入する時間が予備として5分間与えられます。

（一）听　力

第一部分

第1-15题：请选出与所听内容一致的一项。

1. A 睡前不应查看电子邮件　　B 晚上看电视有助于睡眠
   C 睡前应玩一会儿电子游戏　　D 睡前查看短信息是好习惯

2. A 喝牛奶会引起高血压　　B 喝牛奶会引起冠心病
   C 喝牛奶会使胆固醇增加　　D 牛奶是老年人的理想食物

3. A 吐鲁番是旅游胜地　　B 吐鲁番的鸡蛋很好吃
   C 吐鲁番的夏季只有两个月　　D 吐鲁番的平均气温为 47 度

4. A 中国北方总下雪　　B “我”的生日在冬季
   C “我”现在还是单身　　D “我”常到北方旅游

5. A 维生素 C 是感冒药　　B 多吃草莓可抗感冒
   C 感冒能增强免疫力　　D 维生素 C 可防辐射

6. A 春季因干燥要多喝鸡汤　　B 喝鸡汤可缓解感冒症状
   C 喝鸡汤可促使患者入睡　　D 喝鸡汤能使分泌物增多

7. A 学校教的技能很有用　　B “我”在学校学习了四年
   C “我”还没找到工作单位　　D “我”希望再回学校学习

8. A 喝蜂蜜水会加重咳嗽　　B 喝蜂蜜水会影响睡眠
   C 感冒时不要再喝蜂蜜水　　D 感冒时可喝一杯蜂蜜水

9. A 鱼做成的菜有腥味　　B 鱼做成的菜很好看
   C 鱼的营养价值很高　　D 鱼不如蔬菜营养好

10. A 张金哲是位大夫　　B 张金哲经常生病
    C 张金哲已经不上课了　　D 张金哲天天准时上班

11. A 厨师的工作比较轻松　　B 不要在关门前去就餐
    C 餐馆卫生由厨师负责　　D 服务员会帮你结束晚餐

12. A 杜亮喜欢收藏暖瓶　　B 杜亮喜欢收藏饮水机
C 人们的视力越来越差　　D 人们全都用上饮水机

13. A “我”父母的血压都很正常　　B “我”的血压也是很正常的
C “我”家的生活水平还很低　　D “我”年轻时就患有高血压

14. A “我”对李明很客气　　B “我”让李明很生气
C “我”想跟李明打架　　D 李明想找“我”打架

15. A 狗的换毛期一般需一周完成　　B 春季给狗洗澡至少每周一次
C 春季应减少给狗洗澡的次数　　D 春季应增加给狗洗澡的次数

第二部分

第16-30题：请选出正确答案。

16. A 她浑身打颤　B 她非常紧张
    C 她失去了记忆　D 她不想再演戏了

17. A 用语言　B 给机会
    C 用行动　D 增压力

18. A 给了她一个拥抱　B 紧紧握住她的手
    C 减轻她的工作量　D 鼓励她当个好演员

19. A 对母亲理解更深刻　B 她第一次来演母亲
    C 不做母亲也可以演　D 要做就做严厉的母亲

20. A 女儿不用她管　B 辛苦得很快乐
    C 妨碍她拍电影　D 辛苦得受不了

21. A 唱歌　B 播音
    C 吹号　D 写作

22. A 为给妈妈治病　B 为了救死扶伤
    C 为给病人唱歌　D 为了能留北京

23. A 整容　B 神经病
    C 性变态　D 过敏症

24. A 能走上国际医学舞台　B 能研究出新的治疗方案
    C 能给青年医生让出位置　D 能帮助贫困病人解除痛苦

25. A 在18个省市作防病宣传　B 为19万人制定治疗方案
    C 制定过敏性疾病防治指南　D 为患过敏性疾病的人上保险

26. A 应该是纯洁的　B 需要甜言蜜语
    C 最好喜新厌旧　D 爱情是能力的结合

27. A 没有理想的男友　　B 她想过独身生活
C 没有比自己能力强的　　D 没有理解自己的男友

28. A 同事另眼相看　　B 父母经常相劝
C 朋友们常劝说　　D 择偶条件太高

29. A 登征婚启事　　B 降低些条件
C 找人给介绍　　D 非富人不嫁

30. A 她们比较幼稚　　B 她们不懂爱情
C 只谈工作的事　　D 不给自己压力

第三部分

第31-50题：请选出正确答案。

31. A 公路　B 铁路
    C 教育　D 卫生

32. A 学士　B 硕士
    C 博士　D 未得到

33. A 马马虎虎　B 经常迟到
    C 非常认真　D 不做作业

34. A 心里高兴　B 学生很可爱
    C 学生太调皮　D 学生发音不准

35. A 应该读研究生　B 应该爱护学生
    C 微笑面对生活　D 及时帮助学生

36. A 中专教师　B 教心理学
    C 读研究生　D 社会工作

37. A 记者的采访资料　B 购物网站的统计
    C 城市居民的统计　D 零点公司的调查

38. A 不知道网络是什么　B 在网络上找朋友难
    C 找到网络商店很难　D 在网络上购物很难

39. A 没人关心这种购物方式　B 不能接受网上购物方式
    C 远程支付手段还不成熟　D 供人们购物的网站太少

40. A 公交车出故障　B 为别的车让路
    C 车上有人叫停　D 车前有人摔倒

41. A 为新人祝福　B 制造紧张气氛
    C 催促婚车快走　D 让婚车给他让路

42. A 惹是生非　　B 不顾大局
C 让人佩服　　D 耽误时间

43. A 1 个　　B 2 个
C 3 个　　D 4 个

44. A 睡眠节律所致　　B 年龄大就爱睡
C 天气变化造成　　D 饮食缺少规律

45. A 5 个　　B 8 个
C 9 个　　D 16 个

46. A 安排加班加点　　B 经常增加工资
C 缩短工作时间　　D 让职工休息一会儿

47. A 王老板不爱说话　　B 与王老板很熟悉
C 王老板比较诚实　　D 赔了钱王老板给补

48. A 不舍得卖那么多　　B 没想到他买矿砂
C 不忍心要价太高　　D 矿砂少不好意思

49. A 要少给 100 元　　B 要多给 100 元
C 要少给 2500 元　　D 要多给 2600 元

50. A 会失去美好的合作前景　　B 能获得美好的合作前景
C 会得到卖方的积极响应　　D 能得到卖方的理解与尊重

放送内容
大家好！欢迎参加HSK（六级）考试。
大家好！欢迎参加HSK（六级）考试。
大家好！欢迎参加HSK（六级）考试。
HSK（六级）听力考试分三部分，共50题。
请大家注意，听力考试现在开始。

和訳
こんにちは。HSK6級テストへようこそ。
こんにちは。HSK6級テストへようこそ。
こんにちは。HSK6級テストへようこそ。
HSK(6級)聴解試験は3部分あり、合計50問です。
ただ今から聴解試験を始めます。注意して聞いてください。

放送内容
第一部分
第1到15题，请选出与所听内容一致的一项。现在开始第1题：

和訳
第1部分
問1 ～問15について、放送内容にあてはまる項目を1つ選んでください。ただ今から問1を始めます

問題用紙
第1-15题：请选出与所听内容一致的一项。

和訳
問1 ～問15：放送内容にあてはまる項目を1つ選んでください。

01 正 解 [A]

選択肢 A 睡前不应查看电子邮件
B 晚上看电视有助于睡眠
C 睡前应玩一会儿电子游戏
D 睡前查看短信息是好习惯

和 訳 A 寝る前にメールをチェックするのはよくない
B 夜にテレビを見るのは睡眠を助ける
C 寝る前に少し電子ゲームをするとよい
D 寝る前にショートメールをチェックするのはいい習慣だ

放送内容 大多数现代人喜欢在睡觉之前看电视、打电子游戏或者在入睡关灯前查看一下电子邮件和短信息。而科学家研究认为，这些习惯可能会影响睡眠。

和訳 現代人の多くが寝る前にテレビを見たり、ゲームをしたりまたは電気を消す前に電子メールやショートメールをチェックしています。しかし科学者の研究によると、これらの習慣は睡眠に影響する可能性があるとのことです。

02 正 解 [D]

選択肢 A 喝牛奶会引起高血压
B 喝牛奶会引起冠心病
C 喝牛奶会使胆固醇增加
D 牛奶是老年人的理想食物

和 訳 A 牛乳を飲むと高血圧になる
B 牛乳を飲むと冠状動脈硬化になる
C 牛乳を飲むとコレステロールが増える
D 牛乳は高齢者にとって理想的な食物である

放送内容 喝牛奶不会增加体内的胆固醇，也不会引起高血压和冠心病。老年人年老体衰，食量减少，需要丰富的营养，牛奶则是理想的食物。

和訳 牛乳は飲んでも体内のコレステロールが増えず、高血圧や冠状動脈硬化になることもありません。高齢者は加齢によって体が衰え、食べる量も減っているため、豊富な栄養が必要です。牛乳は理想的な食物です。

03 正 解 [A]

選択肢 A 吐鲁番是旅游胜地
B 吐鲁番的鸡蛋很好吃
C 吐鲁番的夏季只有两个月
D 吐鲁番的平均气温为47度

和 訳 A トルファンは旅行の名勝地である
B トルファンの卵は美味しい
C トルファンの夏は2カ月しかない
D トルファンの平均気温は47度である

放送内容 在中国旅游胜地吐鲁番，每年六月到八月平均气温高于40度，最高可达47度，而地表温度则在75度以上。夏季去吐鲁番，半路上没有饭店也饿不着。只要带一些鸡蛋，把鸡蛋埋到沙子里，过一会儿，你就可以吃上香喷喷的熟鸡蛋了。

和訳 中国の旅行の名勝地であるトルファンは、毎年6月から8月は平均気温が40度にもなり、最高で47度にもなります。地表の温度は75度以上です。夏にトルファンへ行ったら、道中レストランがなくてもお腹が減る心配はありません。卵を少し持っていって、砂の中に埋めておくと、しばらくすれば香ばしいゆで卵が食べられます。

04 正 解 [B]

選択肢 A 中国北方总下雪
B "我"的生日在冬季
C "我"现在还是单身
D "我"常到北方旅游

和 訳 A 中国の北方ではいつも雪が降っている
B 「私」の誕生日は冬である
C 「私」はまだ独身である
D 「私」はよく北方に旅行に行く

放送内容 我生在一个飘雪的日子，因此，对北方的冬天总是很有感情。现在又到了一个飘雪的季节，我依旧一个人漫步在纷扬的落雪中，心中不由得多了份寂寞。

和訳 私は雪の舞う日に生まれたので、北方の冬には思い入れがあります。また雪の舞う季節が来ました。相変わらず一人で舞い落ちる雪の中を散歩していると、心に寂しさがこみ上げてきます。

05 正　解 [B]

選択肢 A 维生素C是感冒药
B 多吃草莓可抗感冒
C 感冒能增强免疫力
D 维生素C可防辐射

和　訳 A ビタミンCは風邪薬である
B イチゴをたくさん食べると風邪に対する抵抗力がつく
C 風邪をひくと免疫力が高まる
D ビタミンCは放射能を防ぐことができる

放送内容 维生素C有抗氧化和提升机体免疫力的功效。如果感冒患者每天摄取大量的维生素C，可减轻感冒症状，缩短病程。草莓富含维生素C，是物美价廉的抗感冒武器。

和訳 ビタミンCは抗酸化および体の免疫力を高める効能があります。風邪をひいた人が毎日大量のビタミンCを摂取すると、風邪の症状を和らげ、早く治すことができます。イチゴはビタミンCを豊富に含み、安くて有用な風邪に抵抗する武器です。

06 正　解 [B]

選択肢 A 春季因干燥要多喝鸡汤
B 喝鸡汤可缓解感冒症状
C 喝鸡汤可促使患者入睡
D 喝鸡汤能使分泌物增多

和　訳 A 春は乾燥しているので鶏のスープをたくさん飲むのはよいことである
B 鶏のスープを飲むと風邪の症状を和らげることができる
C 鶏のスープは病人の睡眠を助ける
D 鶏のスープを飲むと分泌物が増加する

放送内容 在季节交替、气温变化大的时节里多喝鸡汤，能提高健康人的免疫力。已经感冒的人喝些鸡汤可减少呼吸中的黏液分泌物及咳嗽次数，缓解感冒带来的痛苦。鸡汤中含有的营养物质能帮助病人维持身体所需的能量，有助于减轻患者的嗜睡症状。

和訳 季節の変わり目や、気温の変化が激しい時節に鶏のスープをたくさん飲むと、健康な人は免疫力を高めることができます。風邪をひいている人が鶏のスープを少し飲むと、呼吸中の粘液性分泌物や咳の回数を減らし、風邪の苦しさを和らげることができます。鶏のスープに含まれる栄養物質は病人の体が必要とするエネルギーを維持するのを助け、患者の眠気の症状を緩和するのに役立ちます。

07 正 解［A］

選択肢
A 学校教的技能很有用
B “我”在学校学习了四年
C “我”还没找到工作单位
D “我”希望再回学校学习

和 訳
A 学校で教わる技術は役に立つ
B 「私」は学校で4年間勉強した
C 「私」はまだ仕事が見つかっていない
D 「私」は学校に戻りたいと思っている

放送内容 学校教会了我很多技能，无论是在专业上还是生活上，都使我更快地融入到社会当中。三年学习的收获远远超过了我的预期，提升了我的学习能力，使我找到了一个理想的工作。

和訳 学校で多くのものを教わったため、専攻分野においても生活においても、より早く立派な社会人になることができます。3年間の勉強で得たものは私の予想よりはるかに多く、私の学習能力を高め、私は理想的な仕事を見つけることができます。

08 正 解［D］

選択肢
A 喝蜂蜜水会加重咳嗽
B 喝蜂蜜水会影响睡眠
C 感冒时不要再喝蜂蜜水
D 感冒时可喝一杯蜂蜜水

和 訳
A 蜂蜜水を飲むと咳がひどくなる
B 蜂蜜水を飲むと睡眠によくない
C 風邪をひいた時は蜂蜜水を飲んではいけない
D 風邪をひいた時は蜂蜜水を1杯飲むのがよい

放送内容 蜂蜜能够附着在咽喉部，减轻由于咽喉部受刺激而引发的咳嗽，并可提高睡眠质量。当你因感冒而连续咳嗽时，喝一杯蜂蜜水是不错的选择。

和訳 蜂蜜を食べると、蜂蜜は喉に残り、喉の刺激によって発生する咳を緩和させ、かつ睡眠の質を高めることができます。風邪で咳が続く時には、蜂蜜水を1杯飲むのがいいでしょう。

09 正解 [C]

選択肢 A 鱼做成的菜有腥味
B 鱼做成的菜很好看
C 鱼的营养价值很高
D 鱼不如蔬菜营养好

和訳 A 魚料理は生臭い
B 魚料理は見た目がよい
C 魚は栄養価が高い
D 魚は野菜ほど栄養がない

放送内容 鱼是人人爱吃的水产品，也是众多百姓家庭餐桌上常见的佳肴。鱼之所以得到人们的喜爱，不仅是因为味道鲜美，还因为鱼的营养价值极高。

和訳 魚はみんなが好きな水産食品で、一般家庭の食卓によく見られるご馳走です。魚が人々に愛されるのは、美味しいからだけではなく、魚の栄養価が非常に高いからでもあります。

10 正解 [A]

選択肢 A 张金哲是位大夫
B 张金哲经常生病
C 张金哲已经不上课了
D 张金哲天天准时上班

和訳 A 張金哲さんは医師である
B 張金哲さんはよく病気になる
C 張金哲さんは今は授業をしていない
D 張金哲さんは毎日時間通りに出勤する

放送内容 现在已经90岁高龄、身体不错的张金哲院士，每周仍要出两次门诊，并坚持查房、讲课、带学生。他常笑着对大家说："我还不老呢！还想多为孩子们做些事情！"

和訳 現在90歳の高齢で、体も健康な院士（大学や研究所の高級な職称）の張金哲さんは、今でも毎週2回の外来診察と、病室巡回、講義、学生の教育をしています。彼はよく笑いながらみんなに「私はまだ歳ではない！　子供たちのためにまだたくさんのことをしたい」と言っています。

11 正 解 [B]

選択肢 A 厨师的工作比较轻松
B 不要在关门前去就餐
C 餐馆卫生由厨师负责
D 服务员会帮你结束晚餐

和 訳 A 調理師の仕事は比較的楽だ
B 閉店前に食事に行ってはならない
C レストランの衛生管理は調理師の仕事である
D 店員がディナーを終わらせる

放送内容 餐馆的厨师每天工作量很大，一般在停止营业前就累了，菜品质量会大打折扣。还有些餐馆的服务员在停止营业前就开始“大扫除”，让你在扬尘中享用这顿晚餐。

和訳 レストランの調理師は毎日の仕事量が多いため、営業が終わる前に疲れてしまい、料理の質が大いに落ちることがよくあります。一部のレストランの店員は営業が終わる前に「大掃除」を始め、埃の中で客にディナーを食べさせています。

12 正 解 [A]

選択肢 A 杜亮喜欢收藏暖瓶
B 杜亮喜欢收藏饮水机
C 人们的视力越来越差
D 人们全都用上饮水机

和 訳 A 杜亮さんは魔法瓶を集めるのが好きだ
B 杜亮さんはウォーターサーバーを集めるのが好きだ
C 人々の視力は悪くなってきている
D 誰でもウォーターサーバーを使っている

放送内容 随着人们生活水平的提高，纯净水已成为人们的日常饮用水，饮水机也走进了千家万户。原来的传统日用品——暖瓶，渐渐淡出了人们的视野。然而，有人却对它很有感情，杜亮就收藏了各种各样的暖瓶。

和訳 人々の生活水準が向上するにつれ、浄水は人々の日常飲料水となり、ウォーターサーバーが広く家庭に入り始めました。以前からあった伝統的日常用品—魔法瓶は人々の視野から消え始めました。しかし、魔法瓶に思い入れを持つ人もいて、杜亮さんはさまざまな魔法瓶を集めています。

13 正解 [D]

選択肢 A “我”父母的血压都很正常
B “我”的血压也是很正常的
C “我”家的生活水平还很低
D “我”年轻时就患有高血压

和訳 A 「私」の両親の血圧はどちらも正常である
B 「私」の血圧も正常である
C 「私」の家の生活水準は相変わらず低い
D 「私」は若いころから高血圧を患っている

放送内容 我出生在一个有高血压家族史的家庭，年轻时就查出有高血压。参加工作之后，由于工作繁忙、压力大、缺少体育锻炼，再加上生活水平提高，脂肪摄入量增加，我的血压上升得很快。

和訳 私は高血圧の家族史がある家庭に生まれ、若い時に高血圧と診断されました。就職後、仕事が忙しく、ストレスもあり、運動不足と、さらに生活水準の向上によって脂肪の摂取量が増えて、血圧がすぐに上がりました。

14 正解 [C]

選択肢 A “我”对李明很客气
B “我”让李明很生气
C “我”想跟李明打架
D 李明想找“我”打架

和訳 A 「私」は李明に対して気をつかっている
B 「私」は李明を怒らせた
C 「私」は李明と喧嘩をしようと思っていた
D 李明は「私」と喧嘩をしようと思っていた

放送内容 李明的做法让我很生气，我就去找他准备打一架。谁知他见了我笑嘻嘻地又搬椅子又倒茶，俗话说“伸手不打笑脸人”，我也就不好发作，更没法打架了。

和訳 李明のやり方が私を怒らせて、私は彼と喧嘩をしに行きました。思ってもみなかったことに、彼は私を見て笑顔で、椅子を運んできてお茶を入れてくれました。「笑顔の人は殴れない」と言うので、私の怒りもなくなり、喧嘩もできなくなりました。

15 正 解 [C]

選択肢 A 狗的换毛期一般需一周完成
B 春季给狗洗澡至少每周一次
C 春季应减少给狗洗澡的次数
D 春季应增加给狗洗澡的次数

和 訳 A 犬の毛は普通1週間くらいで生え代わる
B 春は犬を少なくとも週に1回洗うのがよい
C 春は犬を洗う回数を減らすべきだ
D 春は犬を洗う回数を増やすべきだ

放送内容 春季是狗的换毛期，换毛过程一般需要几个星期才能完成。这时就需要主人用梳子或毛刷梳去脱落的毛，促进狗皮肤的血液循环，让换毛过程更顺利，预防狗产生皮肤病。另外给狗洗澡的次数也不要太勤，以15天洗一次为宜。

和訳 春は犬の毛の生え替わり時期です。生え替わりは普通何週間もかかるものです。この時、飼い主は、櫛やブラシで落ちた毛を梳き落とし、犬の皮膚の血液循環を促してやって、生え替わりをスムーズにし、犬の皮膚病を予防してあげる必要があります。また、犬を洗う回数は多すぎてはいけません。15日に1度がいいでしょう。

放送内容
第二部分
第16到30题：请选出正确答案。现在开始第16到20题：

和訳
第2部分
問16～問30：正しい答えを選んでください。ただ今から問16～問20を始めます。

問題用紙
第16-30题：请选出正确答案。

和訳
問16～問30：正しい答えを選んでください。

放送内容
第16到20题是根据下面一段采访：
男：在刚落幕的第五届亚洲电影颁奖典礼上，当宣布您获得最佳女主角时，您是什么心情？
女：我什么都没想，当时完全没有时间去想。记得当时我手还有点儿哆嗦，我觉得领奖比演戏难，我演戏都没那么紧张。
男：您凭《唐山大地震》获得亚洲电影大奖影后，颁奖典礼上冯导演给了您一个拥抱，给了您当时“最近”的支持。
女：我觉得他给我的支持挺多的，不过他从来都不说出口，他会用行动让我感受到。实际上那个拥抱也包含了千言万语。就在那一瞬间我回想起我们一起工作的时候，我觉得我作为一个演员还好，他作为一个导演真的压力太大了。
男：此前错失金马奖时，冯导演有没有说什么安慰您的话？
女：没有，这些都不需要说出来。那次我们两个的手紧紧握在一起，我觉得不管我怎么样，他永远会在我身边，这让我特别特别踏实。
男：《唐山大地震》对您来说，是不是有特别的意义？
女：对我来说，那是我做母亲之后演的第一个母亲，又是有那么丰富情感的母亲。它完全颠覆了我以前对母亲的理解，也完全调动了我做母亲的感受。没有做母亲也可以演这个角色，但一定是跟现在不一样的。
男：您说过，女儿让您懂得牵挂，这个牵挂有辛苦的一面，也有幸福的一面。不知道辛苦这一面，您在做妈妈之前有没有预想到？
女：我说辛苦，就是所有有关孩子的细枝末节都得想到，而且还得想办法解决。我为什么又觉得幸福呢？即便是辛苦，我也是心甘情愿的。我是辛苦得很快乐，因为所有的辛苦都是我“自找”的。当一个人很强大却没有人需要他的时候，这个强大就不是那么必要；但是当我变得强大，而且有一个人需要我的强大去保护他，我就觉得我的强大很有价值。

和訳
問16～問20までは以下のインタビューから出題されます。
男：終わったばかりの第5回アジア映画授賞式で、最優秀主演女優賞に選ばれた時は、どんなお気持ちでしたか？
女：何も考えられませんでした。その時は考える時間も全然なかったんです。手が少し震えていたことを覚えています。賞をいただくのは演技より難しいと思いました。演技ではあんなに緊張しませんから。
男：『唐山大地震』でアジア映画大賞の受賞女優になって、授賞式では馮監督が抱きしめてくれて、その時「一番近く」で支えをくれたんですよね。
女：私は彼が多くの支えをくれたと思っています。でも、彼はいつも口では何も言わず、行動で私にそれを感じさせてくれるんです。事実、あの抱擁はたくさんの言葉を含んでいました。あの一瞬、私は一緒に仕事をしていた時間を思い出していました。女優の私なんて比べたらまだましで、彼は監督として本当に大きなストレスを抱えていたと思います。

男：以前、金馬奨を逃したとき、馮監督は何か慰めの言葉をくれましたか？
女：いいえ、そんなことは言う必要がありませんでした。その時私たちは手を握り合いました。自分がどうであっても彼はずっとそばにいてくれると思うと、とても落ち着いたんです。
男：『唐山大地震』はあなたにとって、特別な意義がありましたか？
女：私にとって、母親になって初めて演じた母親役、それも愛情深い母親でした。私の母親に対する理解は以前とがらりと変わって、自分が母親になった気持ちが出てきました。母親にならなくてもこの役を演じることはできましたが、きっと今とは違っていたでしょう。
男：お嬢さんが、子供を思う気持ちを教えてくれたとおっしゃっていましたね。子供を思う気持ちには大変な部分も、幸せな部分もあります。大変な部分は、母親になる前は予想できませんでしたか？
女：大変な部分というのは、子供について細かいことまで全て考えて、さらにまた解決の方法も考えなければならないということです。それがどうして幸せだとも思えるのでしょうか。大変であっても、それは私が心から望んだものだからです。私のは、幸せな苦労です。なぜなら、大変なのは全て「自分でそうしたこと」だからです。どんなに強い人でも誰からも必要とされなければ、その強さはそれほど必要でないでしょう。けれど、私が強くなり、その強さによって守る人ができた時、私は自分の強さには非常に価値があると思ったのです。

16 正解 [B]

選択肢
A 她浑身打颤
B 她非常紧张
C 她失去了记忆
D 她不想再演戏了

和訳
A 全身を震わせていた
B とても緊張していた
C 記憶を失ってしまった
D もう演技をしたくなくなった

放送内容 当宣布女的获得最佳女主角时，她有何反应?

和訳 **女性は自分が最優秀主演女優賞に選ばれた時、どう反応しましたか？**

17 正解 [C]

選択肢
A 用语言
B 给机会
C 用行动
D 增压力

和訳
A 言葉で
B チャンスを与える
C 行動で
D ストレスをかける

放送内容 冯导演一般用什么方式来支持女的的工作?

和訳 **馮監督は普段、どんな方法で女性の仕事を支えていますか？**

18 正解 [B]

選択肢
A 给了她一个拥抱
B 紧紧握住她的手
C 减轻她的工作量
D 鼓励她当个好演员

和訳
A 抱きしめた
B 手を握りしめた
C 仕事負担を減らしてあげた
D いい女優になれと励ました

放送内容 此前女的没有获得金马奖，冯导演是用什么方式安慰她的?

和訳 **以前女性が金馬奨を取れなかった時、馮監督はどんなやり方で慰めてくれましたか？**

19 正　解 [A]

選択肢 A 对母亲理解更深刻
B 她第一次来演母亲
C 不做母亲也可以演
D 要做就做严厉的母亲

和　訳 A 母親についての理解が深まった
B 初めて母親を演じた
C 母親にならなくても演じることができた
D なるのであれば厳しい母親になりたい

放送内容 演《唐山大地震》对女的来说有什么特别的意义?

和訳 『唐山大地震』に出演したのは、女性にとってどんな特別な意義がありましたか？

20 正　解 [B]

選択肢 A 女儿不用她管
B 辛苦得很快乐
C 妨碍她拍电影
D 辛苦得受不了

和　訳 A 娘の世話をしなくてよい
B 辛いけど楽しい
C 映画撮影の妨げになった
D 耐えられないほど大変だった

放送内容 女的做母亲后，感觉怎么样?

和訳 女性は母親になってから、どう感じていますか？

放送内容 第21到25题是根据下面一段采访：

男：今天我们请来了中华医学会变态反应学分会主任委员、北京协和医院变态反应科主任、博士生导师尹佳教授。欢迎您！尹教授，当初很多人都认为您应该去当歌唱家，可您却走上了医学之路，您当时是怎么考虑的呢？

女：其实，我从小就喜欢唱歌，在同龄人中小有名气，不少人都认为我会成为一名歌唱家。后来要读大学了，在填报志愿时，我权衡再三。虽然我很喜欢唱歌，可以用歌声带给人们快乐，但我还是选择了上医学院，因为我更希望自己能成为一名救死扶伤的大夫，带给人们生命的希望。既然我想当大夫，那么就要当最好的大夫。我曾在麻醉科、内科、外科学习和实习过，最后选择了我非常喜欢的“变态反应科”专业，来到了北京协和医院。

男：变态反应科，这个科室名字听起来很容易让人产生误会。

女：可不！以前，很多病人不知道这个科室是治什么病的。有一次，一名男子在性别认识方面有些问题，就来找我，说：“大夫，我变态了！”但这些年，老百姓对变态反应性疾病的认识越来越多了。很多人知道我们科是治过敏的。得了花粉症、过敏性皮炎、过敏性哮喘、过敏性休克、食物过敏、药物过敏等，都要来我们这里看病。

男：听说，您在美国过敏、哮喘及免疫学医师协会年会上，获得了“国家杰出过敏医生奖”？

女：噢，那是前不久的事。我国有那么多的运动员、艺术家在国外获奖，我希望自己也能以医生的身份走到国际的前沿，当然也希望我们有更多的年轻医生出现在国际医学研究的舞台上。所以，我们每隔一段时间，就会将我们科里的年轻医生送到国外进行学习和交流，希望他们具备国际视野。

男：您目前在进行什么科研项目？

女：目前，我所带的团队正在进行全国过敏性疾病的流行病学调查。这是项庞大的工程，从开始的小样本，发展到如今涉及18个省市、19万多人。我们希望根据这些数据，制定最适合中国人的过敏性疾病防治指南。

和訳 問21～問25までは以下のインタビューから出題されます。

男：今日は中華医学会変態反応学分会主任委員、北京協和医院変態反応科主任で、博士課程指導教官の尹佳教授にお越しいただきました。ようこそ、尹教授、最初みんなあなたが歌手になるものだと思っていましたが、医学の道に進まれたんですね。どういったお考えがあったんですか？

女：私は小さいころから歌が好きで、同年代ではそこそこ有名になり、多くの人は私が歌手になると思っていたんです。それから、大学に進学することになって、志望先を書く時、私は何度も考えました。私は歌が好きで、歌声で人々を幸せにすることができましたが、それでも医学院に進学することを選びました。なぜなら、私は歌手より命を救い負傷者を助ける医師になって、人々に生きる希望を与えたかったからです。医師になるのなら、一番よい医師になろうと思いました。私は麻酔科、内科、外科で勉強や実習をして、最後にとても好きな「変態反応科」を専攻することを選び、北京協和医院にやって来ました。

男：変態反応科、この科の名前は誤解されそうですね。

女：そうなんです。以前は、患者さんの多くはこの科は何の病気を治すところか知りませんでした。一度、ある男性が性別の認識に問題があって、私のところへ来て「先生、私は変態なんです」とおっしゃったこともありました。ですがここ数年、皆さんの変態反応性疾病に対する知識が深まってきました。多くの皆さんが私たちの科はアレルギーを治療するところだと知っています。花粉症、アレルギー性皮膚炎、アレルギー性喘息、アレルギー性ショック、食物アレルギー、薬品アレルギーなど、皆さん私たちのところで診察を受けます。

男：アメリカのアレルギー・喘息および免疫学医師協会の年会で、「国家優秀アレルギー医師賞」を受賞されたそうですね？

女：ああ、最近のことですね。わが国では多くのスポーツ選手や、芸術家が国外で賞を取っているので、私は自分も医師として国際的な最前列に立ちたいと思ったんです。もちろん、より多くの若い医師にも国際的な医学研究の舞台に立ってほしいと思っています。ですから、私たちは時折、科の若い医師を国外へ送り出して勉強や交流をさせているんです。彼らが国際的な視野を持つことができればいいと思います。
男：今、どんな研究プロジェクトをされていますか？
女：今は、私の率いるチームが全国のアレルギー性疾病の流行病学調査をしています。これは巨大なプロジェクトです。小さなサンプルから、今や18の省・市、19万人以上に関わるところまで発展しているのですから。私たちはこれらのデータから、中国人にもっとも合ったアレルギー性疾病の予防や治療方針を制定できればいいと思っています。

21 正解［A］

選択肢 A 唱歌
B 播音
C 吹号
D 写作

和訳 A 歌
B アナウンス
C 吹奏楽
D 執筆

放送内容 女的小时候哪方面比较突出?

和訳 女性は小さいころ、どんな方面で抜きん出ていましたか？

22 正　解 [B]

選択肢 A 为给妈妈治病
B 为了救死扶伤
C 为给病人唱歌
D 为了能留北京

和　訳 A 母親の病気を治してあげるため
B 命を救い負傷者を助けるため
C 病人に歌を歌ってあげるため
D 北京に留まり続けるため

放送内容 女的为什么选择上医学院?

和訳 女性はどうして医学院に進学することを選びましたか？

23 正　解 [D]

選択肢 A 整容
B 神经病
C 性变态
D 过敏症

和　訳 A 美容整形
B 神経症
C 性的倒錯
D アレルギー

放送内容 变态反应科治什么病?

和訳 変態反応科はどんな病気を治療しますか？

24 正　解［A］

選択肢
A 能走上国际医学舞台
B 能研究出新的治疗方案
C 能给青年医生让出位置
D 能帮助贫困病人解除痛苦

和　訳
A 国際的な医学の舞台に立つ
B 新しい治療法を見つける
C 若い医師にチャンスを与える
D 貧困層の病人の苦しみをなくす

放送内容 女的自己一直有一个什么样的心愿?

和訳 女性はずっとどのような願いを持ってきましたか？

25 正　解［C］

選択肢
A 在18个省市作防病宣传
B 为19万人制定治疗方案
C 制定过敏性疾病防治指南
D 为患过敏性疾病的人上保险

和　訳
A 18の省･市で病気予防の宣伝を行うため
B 19万人のために治療法を制定するため
C アレルギー性疾病の予防と治療方針を制定するため
D アレルギー性疾病患者に保険をかけるため

放送内容 女的为什么要进行全国过敏性疾病的流行病学调查?

和訳 女性はどうして全国アレルギー性疾病の流行病学調査を行いますか？

放送内容 第26到30题是根据下面一段采访：
男：王护士长，我能随便问你几个问题吗？
女：当然可以。
男：有人说，情人间也需要适当的“甜言蜜语”。你同意这种说法吗？
女：不！爱情应该是纯洁的，爱情绝不是语言游戏。
男：你有男朋友吗？
女：暂时没有。我要求不高，只求能理解我，只求能力比我强。否则，我情愿不恋爱、结婚，哪怕过独身生活。
男：过独身生活很难，压力会很大。这压力来自家庭、周围同事和朋友，他们会为你着急。再说，中国青年的独身生活与西方青年的独身生活有着本质的区别。这你明白吗？
女：当然明白，但结婚是人生大事，怎么能不三思而行呢？回到家，父母总说：“该结婚了。”可像我这种人，靠别人介绍是很难成功的。这并不是我要求高，而是那种感情没有亲切感。
男：你周围的朋友是如何看你的呢？
女：她们大都已结婚成家，剩下的也很快要结婚了。和她们在一起，我感到无话可说，话不投机，她们都劝我找个过得去的人结婚算了，免得夜长梦多。跟她们在一起压力很大，所以我宁愿和那些比我小十几岁的姑娘交往。有人说我很自在，享受孤独，让她们说去吧！

和訳 問26～問30までは以下のインタビューから出題されます。
男：王看護師長（主任）、いくつか聞いてもいいですか？
女：もちろんよ。
男：恋人同士の間にも、ほどよい「甘い言葉」が必要だと言う人もいますが、この意見に賛成ですか？
女：いいえ！　愛は純潔であるべきだわ、愛は言葉の遊びじゃないの。
男：彼氏はいますか？
女：今はいないわ。私の求めるものは高くないわよ。ただ、私を理解してくれて、私より能力があることね。そうじゃなければ、恋愛も、結婚もしたくないし、独身でいた方がマシよ。
男：独身生活は大変だし、ストレスもありますよ。ストレスっていうのは、家庭とか、周囲の同僚とか友達のね。みんな、あなたのことで焦っているんですよ。それに、中国の若い人の独身生活は欧米の若い人の独身生活と本質的に違いますし。分かっていますか？
女：もちろん、分かっているわ。でも、結婚は人生の大切なことよ、あれこれ考えないなんてどうしてできる？　実家へ帰れば、両親はいつも「そろそろ結婚しろ」と言うけれど、私みたいな人は、ほかの人に紹介してもらうんじゃなかなかうまくいかないわ。それは、私の要求が高いからじゃなくて、そういう感情には温かみがないからなの。
男：周りのお友達は、あなたをどう見ていますか？
女：みんなほとんど結婚しちゃって、残った子ももうすぐ結婚するわ。彼女たちと一緒にいると、私は何にも言えなくて、話も合わないのに、みんな私に気の合う人を見つけて結婚すればいいじゃない、いつまでも考えているのはよくないって言うのよ。みんなと一緒にいるとストレスを感じるわ。だから、私は自分より十いくつ年下の女の子たちと付き合うのが好きなの。私がとても自由で、孤独を楽しんでいるという人もいるけれど、言いたいなら言わせておきなさいと思うわ。

26 正 解 [A]

選択肢 A 应该是纯洁的
B 需要甜言蜜语
C 最好喜新厌旧
D 爱情是能力的结合

和 訳 A 純潔であるべきだ
B 甘い言葉が必要だ
C 気が変わりやすい方
D 愛とは能力の結びつきだ

放送内容 女的是怎么理解爱情的?

和訳 女性は愛についてどう理解していますか？

27 正 解 [A]

選択肢 A 没有理想的男友
B 她想过独身生活
C 没有比自己能力强的
D 没有理解自己的男友

和 訳 A 理想的な彼氏がいないから
B 独身でいたいと思っているから
C 自分より能力のある人がいないから
D 自分を理解してくれる彼氏がいないから

放送内容 女的为什么还没有男朋友?

和訳 女性はどうしてまだ彼氏がいないのですか？

28 正　解［D］

選択肢 A 同事另眼相看
B 父母经常相劝
C 朋友们常劝说
D 择偶条件太高

和　訳 A 同僚に変な目で見られる
B 両親にいつも結婚を勧められる
C 友人たちにいつも何か言われる
D 相手に求める条件が高すぎる

放送内容 下列哪项不是过独身生活的压力?

和訳 独身生活のストレスではないのは以下のどれですか？

29 正　解［B］

選択肢 A 登征婚启事
B 降低些条件
C 找人给介绍
D 非富人不嫁

和　訳 A 結婚相手募集の掲示をする
B 条件を下げる
C 誰かを紹介してもらう
D 金持ちでなければ結婚しない

放送内容 周围的朋友是怎样劝女的早点儿结婚的?

和訳 周囲の友達はどうやって女性に早く結婚するよう勧めていますか？

30 正　解［D］

選択肢
A　她们比较幼稚
B　她们不懂爱情
C　只谈工作的事
D　不给自己压力

和　訳
A　比較的考え方が幼いから
B　愛が何か分かっていないから
C　仕事のことしか話さないから
D　自分にストレスを与えないから

放送内容　女的为什么愿意跟比自己小的姑娘们交往?

和訳　**女性はどうして自分より若い女の子たちと付き合いたがるのですか？**

第1回	第三部分	問題 P.14	0103.mp3

放送内容 **第三部分**
第31到50题，请选出正确答案。现在开始第31到33题：

和訳 **第3部分**
問31 ～問50：正しい答えを選んでください。ただ今から問31 ～ 33を始めます。

問題用紙 **第31-50题：请选出正确答案。**

和訳 **問31 ～問50：正しい答えを選んでください。**

放送内容 第31到33题是根据下面一段话：
李文超今年69岁，出生于重庆丰都县，是贵阳铁路部门的一名退休员工。2001年，在国家取消高考的年龄限制后，李文超走进了高考考场，以全国高考大龄考生第一名的成绩，被贵州师范大学录取，因而被人们叫做“花甲状元”。2010年11月初，李文超获得了学士学位又旁听完硕士生课程后，只身来到清华大学旁听博士生课程。在他自己编写的课程表上，各门课程从周一到周五，每天都被安排得满满的，光课堂笔记就已经记了16本。李文超说是知识给了他新的思维方式，他之所以能够在清华校园里自由地汲取知识，得益于清华“厚德载物”的精神。

和訳 問31 ～問33までは以下の話から出題されます。
李文超さんは今年69歳で、重慶市豊都県の出身、貴陽鉄道部門の定年退職者です。2001年に国が大学入試の年齢制限を廃止すると、李文超さんは受験会場に赴き、全国大学入試高齢受験生の首席の成績を取って、貴州師範大学に選抜され、人々から「還暦の首席合格者」と呼ばれました。2010年11月初め、李文超さんは学士の学位を得て修士課程の聴講を終え、単身清華大学へ博士課程の聴講へやって来ました。李さんが自分で書いた講義時間割には、各科目が月曜日から金曜日まで、毎日びっしりと書き込まれ、授業ノートだけでもう16冊になります。李文超さんは「知識が新しい考え方をくれた」と言いますが、清華のキャンパスで自由に知識を吸収できるのは、清華の「厚徳載物（人徳を高く保ち物事を成し遂げる）」の精神によるものでしょう。

31 正解 [B]

選択肢 A 公路
B 铁路
C 教育
D 卫生

和訳 A 自動車道路
B 鉄道
C 教育
D 衛生

放送内容 李文超退休前在什么部门工作？

和訳 李文超さんは定年退職前どの部門で働いていましたか？

32 正　解［A］

選択肢
A 学士
B 硕士
C 博士
D 未得到

和　訳
A 学士
B 修士
C 博士
D まだ取得していない

放送内容 李文超在大学里获得了什么学位?

和訳 李文超さんは大学で何の学位を取得しましたか？

33 正　解［C］

選択肢
A 马马虎虎
B 经常迟到
C 非常认真
D 不做作业

和　訳
A いい加減
B よく遅刻する
C とてもまじめ
D 宿題をしない

放送内容 在清华大学学习时，李文超的态度是怎样的?

和訳 清華大学で勉強している時、李文超さんの態度はどうでしたか？

放送内容 第34到36题是根据下面一段话：
两年前，大学毕业后，我来到农村的一所中专学校。我从未想到还有如此破旧的学校，但我仍努力上好每一节课。一次，我在黑板上写了一首绕口令让学生读，因为学生的普通话实在太不标准，我不禁微微笑了一下。一个调皮的学生大声说：“老师笑起来真好看。”我猛然意识到，这是我来到这个学校之后第一次笑。望着他们天真稚气的笑脸，我不知怎样才好。过了几天是教师节，课前，班长递给我一封信，我轻轻地打开：“每当我们看见您的微笑，我们的心就像鲜花盛开……”我的心猛地一惊，我没想过我的笑对他们如此重要。我顿时感到他们那天真灿烂的笑脸给我困惑的日子带来了阳光与生机，告诉我要微笑着面对生活。
现在，我虽已离开了那所中专，开始研究生的学习，但脑海中总不时地掠过讲台下那张张笑脸，正是他们，给我上了迈进社会的第一课。

和訳 問34～問36までは以下の話から出題されます。
2年前に大学を卒業してから、私は農村のある中等専門学校へやって来ました。こんなにぼろぼろの学校がまだあるなんて思ってもみませんでしたが、頑張って毎回の授業をしていました。一度、黒板に早口言葉を書いて生徒たちに読ませましたが、生徒たちの標準語があまりに標準的でないので、思わず笑ってしまいました。一人のやんちゃな生徒が大声で「先生、笑うときれいだね」と言いました。私は突然、この学校に来て初めて笑ったのに気付きました。彼らの無邪気であどけない笑顔を見ながら、私はどうしていいか分かりませんでした。数日後は教師の日でした。授業前に学級委員が私に手紙をくれました。そっと開けてみると、「私たちは先生の微笑みを見るたびに、心に花が咲いたようになります」とありました。私は本当に驚きました。自分の笑顔が彼らにとってこれほど大切だったとは思ってもみなかったのです。私はふと、彼らの天真爛漫な笑顔が私の悩み多い日々に明るさと希望をくれたこと、生活に微笑みを向けることを教えてくれたことを感じました。
今、私はその学校を離れ、大学院の勉強を始めました。しかし、時折脳裏には教壇から見た一人一人の笑顔が浮かぶのです。彼らこそが、私が社会に入るための最初の授業をしてくれたのでした。

34 正解 [D]

選択肢 A 心里高兴
B 学生很可爱
C 学生太调皮
D 学生发音不准

和訳 A うれしかったから
B 生徒たちがかわいかったから
C 生徒たちがやんちゃだったから
D 生徒たちの発音が標準的でなかったから

放送内容 学生读绕口令时，说话人为什么微微笑了一下？

和訳 生徒たちが早口言葉を読んでいる時、話し手はどうして微笑んだのですか？

35 正　解 [C]

選択肢
A 应该读研究生
B 应该爱护学生
C 微笑面对生活
D 及时帮助学生

和　訳
A 大学院で勉強すること
B 学生を愛すること
C 生活に微笑みを向けること
D 適時に学生を助けること

放送内容 说话人从学生的信中受到什么启发?

和訳 話し手は、生徒の手紙からどんなことを学びましたか？

36 正　解 [C]

選択肢
A 中专教师
B 教心理学
C 读研究生
D 社会工作

和　訳
A 中等専門学校の教師
B 心理学を教えている
C 大学院で勉強している
D ボランティア

放送内容 说话人现在做什么?

和訳 話し手は、今何をしていますか？

放送内容 第37到39题是根据下面一段话：
零点公司的一份社会调查显示，大多数普通百姓对网络购物仍然“想说爱你不容易”。此项调查是零点公司面向北京、上海、天津、武汉、沈阳、西安、郑州和成都八个城市的4059名城市常住居民进行的。调查结果显示，百姓虽然渴望进入网络世界，但真正参与过网络购物的人却不多，仅占全部受访者的35%。影响大多数百姓进行网络购物的根本因素不是购物网站的多少，而是远程支付手段的信用是否经得起考验。这一直是普通消费者最为关心的问题。在对没有网络购物经历的受访者进行调查时发现，有47.6%的受访者希望自己在不久的将来可以通过网络进行商品选购，因为在网上购物方便、省事。

和訳 問37～問39までは以下の話から出題されます。
ホライズン社の社会調査によると、多くの一般市民がオンラインショッピングについて依然として「興味はあるが行動に移すのは難しい」とのことです。この調査はホライズン社が北京・上海・天津・武漢・沈陽・西安・鄭州および成都の8つの都市の4,059人の都市常住住民に対して行ったものです。調査によると、市民はオンラインショッピングの世界に入りたいと思っているにも関わらず、本当にオンラインショッピングで買い物をした人は多くなく、全回答者の35%しかいないということです。多くの市民のオンラインショッピングに影響を与える基本的要素はショッピングサイトの数ではなく、遠隔支払い手段が信用に耐えうるかということでした。これはずっと、一般の消費者が最も心配していることなのです。オンラインショッピングをしたことがない回答者に調査を行ったところ、47.6%の人が、便利だし手軽なので、近い将来オンラインショッピングで品物を選んで買いたいと思っているそうです。

37 正解 [D]

選択肢 A 记者的采访资料
B 购物网站的统计
C 城市居民的统计
D 零点公司的调查

和訳 A 記者がインタビューした資料
B ショッピングサイトの統計
C 都市住民の統計
D ホライズン社の調査

放送内容 这段话中的统计数字来自哪里？

和訳 この話の統計数字はどこから来ているものですか？

38 正　解［D］

選択肢
A 不知道网络是什么
B 在网络上找朋友难
C 找到网络商店很难
D 在网络上购物很难

和　訳
A インターネットが何か知らない
B インターネットで友達を探すのは難しい
C インターネットで店を探すのは難しい
D インターネットで買い物をするのは難しい

放送内容 录音中的“想说爱你不容易”是什么意思?

和訳 放送内容に出てきた「興味はあるが行動に移すのは難しい」とはどんな意味ですか？

39 正　解［C］

選択肢
A 没人关心这种购物方式
B 不能接受网上购物方式
C 远程支付手段还不成熟
D 供人们购物的网站太少

和　訳
A この買い物の方式に興味を持つ人がいないこと
B オンラインショッピングの方式が受け入れられないこと
C 遠隔支払いの手段が未発達であること
D 人々に買い物をさせるサイトがまだ少なすぎること

放送内容 根据这段话，影响在网络上购物的主要原因是什么?

和訳 この話によると、オンラインショッピングに影響を与える主な原因は何ですか？

放送内容 第40到42题是根据下面一段话：
一天早上，一辆公交车正在行驶着，车上大部分人是去上班的。
忽然，从一旁的马路上冲出一辆车，公交车一个急刹车后停住了。那是一辆婚礼摄像车，它的后面是一列长长的迎亲车队，行驶得很慢。
公交车上的乘客有的开始抱怨这车队走得太慢了，上班就要迟到了。公交司机轻轻地按了几下喇叭。有人对司机说："你光按喇叭不行，他们不可能给你让路的，不如从车队的空隙中冲过去。" 司机回过头来，笑着说："我按喇叭不是催他们给我让路，我是在为他们祝福呢！" 他停了停又说："别人结婚是件幸福的事。我们有机会为别人的幸福让一次路，这不也是一件幸福的事吗？"
满车的乘客一下子安静了下来。
给别人的幸福让路是一件幸福的事。有这种心情的人，必定也是一个幸福的人。

和訳 問40～問42までは以下の話から出題されます。
ある朝、走っているバスに乗っていたのは、大部分が仕事に行く人たちでした。
突然、隣の道から車が飛び出してきて、バスは急ブレーキをかけて止まりました。それは結婚記念撮影の車でした。後ろには長い結婚式の車の列が続いていて、ゆっくりと走っていきます。
バスの乗客たちの中から、その車の列がゆっくりなので仕事に遅れると怒り出す人が出てきました。バスの運転手は軽く何度かクラクションを鳴らしました。誰かが運転手に「クラクションだけじゃダメだ。道を空けてくれないよ。車の間に突っ込んでしまえばいい」と言いました。運転手は振り返って、笑いながら「クラクションを鳴らしているのはどいてくれというのではないよ。私は彼らを祝福しているんだ」と言いました。それからしばらくして、彼はまた「他人の結婚は幸せなことじゃないか。私たちは他人の幸せに道を譲ることができたんだ。これだって幸せなことじゃないか？」と言いました。
すると車内の乗客は、たちまち静かになりました。
他人の幸せに道を譲ることは幸せなことだ。こういう心を持った人は、きっと幸せな人でしょう。

40 正解 [B]

選択肢
A 公交车出故障
B 为别的车让路
C 车上有人叫停
D 车前有人摔倒

和訳
A バスが故障したから
B ほかの車に道を譲ったから
C バスの中で止まるように言った人がいたから
D バスの前で人が転んだから

放送内容 公交司机为什么要急刹车？

和訳 バスの運転手はどうして急ブレーキをかけたのですか？

41 正　解［A］

選択肢
A　为新人祝福
B　制造紧张气氛
C　催促婚车快走
D　让婚车给他让路

和　訳
A　新婚の人を祝福するため
B　緊張した雰囲気を作り出すため
C　結婚式の車に早く行くよう促すため
D　結婚式の車に道を譲らせるため

放送内容　公交司机为什么要按喇叭?

和訳　バスの運転手はどうしてクラクションを鳴らしたのですか？

42 正　解［C］

選択肢
A　惹是生非
B　不顾大局
C　让人佩服
D　耽误时间

和　訳
A　トラブルを引き起こす
B　全体を見ていない
C　尊敬に値する
D　時間を無駄にした

放送内容　说话人认为公交司机的做法怎么样?

和訳　話し手はバスの運転手のやり方についてどう思っていますか？

放送内容 第43到46题是根据下面一段话：
科学实验证明，人体除了夜晚有一个睡眠高峰外，通常在上午9点、中午1点和下午5点，还有三个较明显的睡眠高峰，其中又以中午的睡眠高峰最为明显。
有关专家认为，在日常生活中，人们白天的睡眠节律往往会被繁忙的工作和紧张的情绪所掩盖，或被咖啡和茶之类具有神经兴奋作用的饮料所消除。所以，不少人白天并不觉得困。一旦消除这些外因，人们白天的睡眠节律就会明显地表现出来，这就是人们为什么要午睡和老年人为何白天要打几次盹儿的原因。一位研究睡眠二十多年的法国学者对许多人遵循的“8小时睡眠”表示异议。他认为连续16小时不睡觉是一个极大的错误，并认为企业如果安排一些专门的房间供职工休息一会儿，可明显提高工作效率。

和訳 問43～問46までは以下の話から出題されます。
科学実験によって、人体は夜の睡眠ピークのほかにも、普通は午前9時、午後1時、午後5時という3つの明確な睡眠ピークがあることが証明されています。そのうち、昼の睡眠ピークが一番はっきりしています。
専門家によると、日常生活において、人々の昼間の睡眠リズムはしばしば忙しい仕事と緊張した心理状態に埋もれてしまっているか、またはコーヒーやお茶などの神経興奮作用がある飲み物によって消されているとのことです。それで、多くの人が昼間に眠いと感じないのです。いったんこれらの外的要因をなくすと、人々の昼間の睡眠リズムははっきりと現れてきます。これが、人々が昼寝をするのとお年寄りが昼間何度もまどろんでいることの原因です。20年以上睡眠を研究しているフランスのある学者は、多くの人が守っている「8時間睡眠」に異議を唱えています。連続して16時間眠らないのは大きな間違いで、さらに企業が専用の部屋を作って従業員を少し休憩させれば、仕事の効率が目に見えて上がるとしています。

43 正解［D］

選択肢
A 1个
B 2个
C 3个
D 4个

和訳
A 1つ
B 2つ
C 3つ
D 4つ

放送内容 根据这段话，人体一天有几个明显的睡眠高峰?

和訳 この話によると、人体は1日にいくつの明確な睡眠のピークがありますか？

44 正　解 [A]

選択肢　A 睡眠节律所致　B 年龄大就爱睡
C 天气变化造成　D 饮食缺少规律

和　訳　A 睡眠のリズムによるもの
B 歳をとるとよく眠るようになるから
C 天気の変化によるもの
D 食事があまり規則正しくないから

放送内容　老年人为什么白天会打几次盹儿？

和訳　お年寄りはどうして昼間に何度もまどろんでいるのですか？

45 正　解 [B]

選択肢　A 5个　B 8个
C 9个　D 16个

和　訳　A 5時間　B 8時間
C 9時間　D 16時間

放送内容　许多人遵循一天睡几个小时的规律？

和訳　多くの人は1日何時間睡眠の規律を守っていますか？

46 正　解 [D]

選択肢　A 安排加班加点　B 经常增加工资
C 缩短工作时间　D 让职工休息一会儿

和　訳　A 残業させる
B 常に給料を増やす
C 仕事時間を短縮する
D 従業員を少し休ませる

放送内容　那位法国学者认为怎样可以提高工作效率？

和訳　フランスの学者はどうすれば仕事の効率が上がると言っていますか？

放送内容 第47到50题是根据下面一段话：
第一次和王老板见面，我就对我们之间的合作前景非常看好。王老板话不多，给人的感觉很诚实。
一次，我试探性地问他："这次我可不可以先把那一小堆矿砂带走呢？"王老板说："那么点儿东西，你不觉得少？"我说："说个价吧！"他犹豫了一会儿，说："2500吧！"凭我的直觉，他是不忍心要价太高才犹豫的。于是我说："不行！2600吧！"王老板笑了，说："你是不是搞错了？哪有你这样砍价的？"我说："2500这个数字不好听，再加上100元图个吉利，都是生意人，你也不容易！"
实践证明我对王老板的判断是正确的。在以后的合作中，每笔生意我们都不用多费口舌，就能很快敲定。有时也出现过不挣钱的买卖，我就打电话告诉他："老哥，兄弟赔钱了。"他马上就说："下次补！"多年来我们合作得很愉快。有一次王老板跟我说："以前有的合作伙伴，我根本就把价格说到最低了，但对方还是拼命地砍价，生意虽然谈成了，可我总感觉如吃了苍蝇一般。"
我觉得不要总为砍掉的那部分价格沾沾自喜，也许你不知道，你在狠狠砍价的同时，有可能也把本来美好的合作前景砍去了。

和訳 問47～問50までは以下の話から出題されます。
初めて王社長と会った時、私は取引はとてもうまくいくと思いました。王社長は口数は少ないが、誠実な感じがする人でした。
一度、私は試しに「まず、あそこの鉱石（粗金）を持っていっていいですか」と聞いてみました。王社長は「少なくないかね？」と言いました。私が「いくらですか？」というと、社長は少しためらって「2,500」と言いました。私は直感で、王社長自身がちょっと高い値を言うのは忍びない、という態度が見られたので、これはためらったのだと思いました。それで私は「いや、2,600ですね」と言いました。王社長は笑って「間違いじゃないかね、どこにそんな値段交渉があるもんだ」と言いました。私は「2,500じゃどうもよくないです。縁起として、100元足しましょう。お互い商売人同士、そちらも大変でしょう」と言いました。
私の王社長に対する判断が正しかったことは、実践によって証明されました。その後の取引で、売買の度に私たちがあれこれ言わなくても、すぐに決まるのです。ある時、私にとって儲からない売買があったので、私は電話で社長に「社長、私は損しましたよ」と言いました。すると社長はすぐに「次の機会に補填するよ！」と言いました。長年の取引は楽しいものになりました。一度、王社長は私に「以前、ある取引先に一番安い値段を言ったが、相手はまだ必死で値下げをしてくるんだ。取引は成立したが、私はまるでハエでも飲み込んだような気持ちだった」と言いました。
私は下げた部分の値段をむやみに喜んでいてはいけないと思いました。もしかしたら、必死で値段を下げていると同時に、よくなるはずだった取引の将来まで削ってしまっているかもしれないからです。

47 正 解［C］

選択肢
A 王老板不爱说话
B 与王老板很熟悉
C 王老板比较诚实
D 赔了钱王老板给补

和 訳
A 王社長は口数が少ないから
B 王社長のことをよく知っているから
C 王社長は誠実だから
D 損をしたら王社長が補填してくれるから

放送内容 第一次见面，说话人为什么看好与王老板的合作前景？

和訳 最初に会った時、話し手はどうして王社長との取引はうまくいくと思いましたか？

48 正 解［C］

選択肢
A 不舍得卖那么多
B 没想到他买矿砂
C 不忍心要价太高
D 矿砂少不好意思

和 訳
A そんなに多く売るのが惜しかったから
B この人が粗金を買うと予想していなかったから
C とても高い値をつけることができなかったから
D 鉱石（粗金）が少なくて申し訳なく思ったから

放送内容 说话人买王老板的矿砂，王老板报价时为什么犹豫了一会儿？

和訳 話し手が王社長の鉱石（粗金）を買うのに、王社長は値段を言う時にどうして少しためらいましたか？

49 正　解 [B]

選択肢
A 要少给100元
B 要多给100元
C 要少给2500元
D 要多给2600元

和　訳
A 100元少なく払った
B 100元多く払った
C 2500元少なく払った
D 2600元多く払った

放送内容 买王老板的矿砂时，说话人是怎么跟王老板砍价的?

和訳 王社長の鉱石(粗金)を買う時、話し手はどうやって値段交渉をしましたか？

50 正　解 [A]

選択肢
A 会失去美好的合作前景
B 能获得美好的合作前景
C 会得到卖方的积极响应
D 能得到卖方的理解与尊重

和　訳
A 取引のよい将来を失ってしまう
B 取引のよい将来を得ることができる
C 売り手の積極的な答えが返ってくる
D 売り手の理解と尊重を得ることができる

放送内容 说话人对狠狠砍价怎么看?

和訳 話し手は必死に値下げを要求することについてどう思っていますか？

放送内容 **听力考试现在结束。**

和訳 **聴解試験はこれで終了です。**

（二）听　力

第一部分

第1-15题：请选出与所听内容一致的一项。

1. A 商家不卖优惠家电　B 人们不会买促销品
   C 促销商品会贵一些　D 家电在假日会促销

2. A 赵忠祥从小就爱写诗　B《诗意年华》是本小说
   C 赵忠祥在电视台工作过　D 赵忠祥当初格律诗写得很好

3. A 啤酒应属于饮料　B 喝啤酒是喝不醉的
   C 白酒含酒精量很低　D 多喝啤酒会有危险

4. A 春天野鸭会南飞　B 野鸭根本不会飞
   C 杨林在饲养场喂野鸭　D 野鸭喜欢杨林给的食物

5. A “我”吸烟还不到 23 年　B “我”戒烟已超过 30 年
   C “我”希望吸烟者快戒烟　D “我”现在又开始吸烟了

6. A 老太太其实是贾府的人　B 老太太曾读过《红楼梦》
   C “我”不如老太太会用筷子　D “我”可以用筷子夹住鸽子蛋

7. A 小城镇道路上人不少　B 两车相撞是因为抢道
   C 撞车是因为“我”没刹车　D 轿车开得快撞倒了“我”

8. A “我”没时间写稿件　B 学校给“我”发助学金
   C 学校给“我”发零花钱　D 报社不采用学生稿件

9. A 夏阳是保送生　B 夏阳不爱学习
   C 夏阳爱蹦爱跳　D 夏阳上了大学

10. A “我”已大学毕业　B “我”没想来中国
    C 爸爸给“我”买了机票　D 老师建议“我”来中国

11. A “我”喜欢逛商场　B “我”不爱去书店
    C 旧书摊上也有好书　D 逛商场会给“我”惊喜

12. A 父亲与母亲离婚了
C 父母在一起不幸福
B 母亲退休后很孤独
D 父亲到外地打工了

13. A 老年人不想去看电影
C 老年人看电影应优惠
B 老年人买不到电影票
D 老年人可看的电影太少

14. A 母亲当了校长
C 我和妹妹都在北京
B 母亲劝我回家乡
D 母亲给我们来上课

15. A 老虎是温柔的动物
C 东北人担心碰上狼
B 东北虎经常会吃人
D 东北人怕碰上东北虎

第二部分

第16-30题：请选出正确答案。

16. A 内科门诊　B 特需门诊
    C 外科门诊　D 防癌指导

17. A 要经常运动　B 别吃得太饱
    C 要控制体重　D 学会慢生活

18. A 不吃剩的饭菜　B 吃饭时要吃饱
    C 不在饭桌久留　D 不到饭店吃饭

19. A 增加体检次数　B 有病及时治疗
    C 防止器官老化　D 减轻器官工作量

20. A 没心没肺　B 不良情绪
    C 都想得开　D 不爱折腾

21. A 看电视剧　B 买菜做饭
    C 锻炼身体　D 读书看报

22. A 创作是很艰苦的　B 导演总来干扰他
    C 一段时间生病了　D 因待遇低闹情绪

23. A 找人帮忙　B 旅游散心
    C 坚持去写　D 坚决放弃

24. A 追逐创作的潮流　B 关起门来搞创作
    C 模仿他人的作品　D 关注别人的作品

25. A 怕自己火了　B 观众不认可
    C 忙于搞创作　D 收入已很多

26. A 两年　B 三年
    C 六年　D 九年

27. A 让妈妈叫醒她　　B 多用几个闹钟
C 她尽量早睡觉　　D 她尽量早些起

28. A 幽默　　B 大方
C 沉闷　　D 性急

29. A 直播时还没睡醒　　B 直播时导播说话
C 导播间杂音太多　　D 耳机突然不响了

30. A 那是表面现象　　B 网友实在无聊
C 对自己是鞭策　　D 尊重网友看法

第三部分

第31-50题：请选出正确答案。

31. A 湖南湘潭　　B 湘潭大学
    C 陕西洛川　　D 博爱医院

32. A 游客　　B 导游
    C 司机　　D 医生

33. A 在家休养　　B 重返岗位
    C 入读大学　　D 国外进修

34. A 6 万　　B 8 万
    C 10 万　　D 15 万

35. A 可以免费参观的那周　　B 一周之内的最高收入
    C 为期约一周的节假日　　D 黄金卖出最多的一周

36. A 6 点半　　B 7 点半
    C 8 点半　　D 9 点半

37. A 初春季节　　B 朋友聚会
    C 盛夏季节　　D 秋冬季节

38. A 能增强食欲　　B 可温补身体
    C 可减轻体重　　D 能治疗咳嗽

39. A 汤的调料不讲究　　B 汤的温度已很高
    C 会导致疾病发生　　D 汤的营养太丰富

40. A 买东西时不用太犹豫　　B 买东西需要大量时间
    C 应多比较质量和价格　　D 应选择态度好的商店

41. A 有的商品非常便宜　　B 质量往往决定价格

C　应该买些贵的东西　　D　应多比较比较价格

42. A　买了不需要的东西　　B　没买到想要的东西
C　买东西会非常辛苦　　D　买了东西但不愉快

43. A　扭头看别人　　B　超出其他人
C　向别人低头　　D　比一般人差

44. A　唤起孩子自信　　B　节省家长时间
C　使孩子很反感　　D　耽误孩子学习

45. A　大刀阔斧　　B　动作要快
C　有条不紊　　D　谨小慎微

46. A　培养孩子的表达能力　　B　可以买到便宜的东西
C　训练孩子的心算能力　　D　培养孩子的笔算能力

47. A　很死板　　B　很冷清
C　很红火　　D　较混乱

48. A　任何人　　B　外国人
C　年轻人　　D　老年人

49. A　较好的口语　　B　交费的收据
C　个人的简历　　D　真诚和热情

50. A　讨论时事热点　　B　议论人情伦理
C　参与志愿服务　　D　练习英语口语

第2回	第一部分	問題 P.52	0201.mp3

放送内容
大家好！欢迎参加HSK（六级）考试。
大家好！欢迎参加HSK（六级）考试。
大家好！欢迎参加HSK（六级）考试。
HSK（六级）听力考试分三部分，共50题。
请大家注意，听力考试现在开始。

和訳
こんにちは。HSK6級テストへようこそ。
こんにちは。HSK6級テストへようこそ。
こんにちは。HSK6級テストへようこそ。
HSK(6級)聴解試験は3部分あり、合計50問です。
ただ今から聴解試験を始めます。注意して聞いてください。

放送内容
第一部分
第1到15题，请选出与所听内容一致的一项。现在开始第1题：

和訳
第1部分
問1 ～問15について、放送内容にあてはまる項目を1つ選んでください。ただ今から問1を始めます

問題用紙
第1-15题：请选出与所听内容一致的一项。

和訳
問1 ～問15：放送内容にあてはまる項目を1つ選んでください。

01 正 解 [D]

選択肢 A 商家不卖优惠家电
B 人们不会买促销品
C 促销商品会贵一些
D 家电在假日会促销

和 訳 A 小売店では家電のセール品を売らない
B 人々はセール品を買わないだろう
C セール品はやや高い
D 祝祭日に家電のセールを行う

放送内容 不少商家为了吸引消费者，往往集中在“五一”小长假这几天搞家电促销活动。市民为了买到优惠产品，不得不去拥挤的家电卖场挑选、抢购。

和訳 多くの小売店では消費者を引き付けるため、よく5月の連休数日間に集中して家電のセールが行われます。人々はセール品を買うために、混み合った家電売り場で品物を選び、先を争って買い物をせざるを得なくなります。

02 正 解 [C]

選択肢 A 赵忠祥从小就爱写诗
B《诗意年华》是本小说
C 赵忠祥在电视台工作过
D 赵忠祥当初格律诗写得很好

和 訳 A 趙忠祥さんは子供のころから詩を書くのが好きだ
B 『詩意年華』は小説である
C 趙忠祥さんはテレビ局で働いたことがある
D 趙忠祥さんは最初、上手な定型詩を書いていた

放送内容 赵忠祥从央视退休后，不仅工作依然繁忙，还多了一项兴趣爱好——写格律诗。当初一首格律诗受网友批评后，他就下苦工夫从头学起，边学边写，现在已出版了诗集《诗意年华》。

和訳 趙忠祥さんは中央テレビを定年退職後も、仕事で忙しいだけでなく、さらに趣味で定型詩を書くことも始めました。最初、定型詩の一篇がインターネットユーザーに批判され、それから、一から時間をかけて勉強し、その過程でたくさん詩を作り、今や『詩意年華』という詩集を出しています。

03 正 解 [D]

選択肢 A 啤酒应属于饮料
B 喝啤酒是喝不醉的
C 白酒含酒精量很低
D 多喝啤酒会有危险

和 訳 A ビールはソフトドリンクである
B ビールは飲んでも酔わない
C 白酒に含まれるアルコールの量は少ない
D ビールをたくさん飲むと危ない

放送内容 有人认为，啤酒是“液体面包”，营养价值高而酒精含量低，多喝点儿不会有什么危险。专家指出，这是一种误解，啤酒终究属于酒类，一升啤酒的酒精含量相当于一两多白酒的酒精含量。

和訳 ビールは「液体のパン」だと思っている人もいます。栄養価が高くて、アルコール量が少なく、たくさん飲んでも危なくないというのです。専門家によると、それは誤解で、ビールはやはり酒であり、1リットルのビールに含まれるアルコールの量は50グラム少々の白酒と同じだといいます。

04 正 解 [D]

選択肢 A 春天野鸭会南飞
B 野鸭根本不会飞
C 杨林在饲养场喂野鸭
D 野鸭喜欢杨林给的食物

和 訳 A 春、鴨は南に飛んで行く
B 鴨はもともと飛べないものだ
C 楊林さんは飼育場で鴨を飼っていた
D 鴨は楊林さんがくれる餌を気に入った

放送内容 杨林每年10月间要去看野鸭南飞的景观。有一年，他大发慈悲，带着饲料，到附近的池边喂野鸭；几年后，这些野鸭不仅不再南飞过冬，而且变得又馋又懒，连飞也飞不起来了。

和訳 楊林さんは毎年10月、鴨が南に飛んでいく光景を見に行っていました。ある年、楊さんはよかれと思って、餌を持って行き、近くの池のほとりで鴨に餌をやりました。数年後、鴨は南に飛んで行かなくなっただけでなく、大食らいで怠け者になって、飛ぶこともできなくなりました。

05 正 解 [C]

選択肢 A “我”吸烟还不到23年
B “我”戒烟已超过30年
C “我”希望吸烟者快戒烟
D “我”现在又开始吸烟了

和 訳 A 「私」は喫煙してまだ23年にならない
B 「私」は禁煙してもう30年以上になる
C 「私」は喫煙者にも早く禁煙してほしいと思っている
D 「私」はまた煙草を吸い始めた

放送内容 俗话说，吸烟容易戒烟难。我曾是个烟龄超过23载的老烟民，戒烟已经近30年了。虽年逾古稀，但各项体检结果都很正常。我深深感受到戒烟带来的好处。我劝烟民朋友们赶快戒烟吧。

和訳 いったん煙草を吸い始めるとやめるのが容易ではないと言いますが、私は以前23年間も煙草を吸っていた喫煙者でしたが、禁煙してすでに30年近くになります。もうすぐ古希を迎えますが、健康診断ではどこも異常なしと言われます。禁煙がよいと深く感じていて、周りの喫煙者たちにも早く禁煙するよう勧めています。

06 正 解 [D]

選択肢 A 老太太其实是贾府的人
B 老太太曾读过《红楼梦》
C “我”不如老太太会用筷子
D “我”可以用筷子夹住鸽子蛋

和 訳 A おばあさんは実は賈家の人だった
B おばあさんは『紅楼夢』を読んだことがある
C 「私」はおばあさんほど箸が使えない
D 「私」は箸で鳩の卵がつまめる

放送内容 中国古典名著《红楼梦》中有这样一个情节：一个农村老太太到了贾府，主人让她用筷子夹鸽子蛋，结果第一个就没夹住，掉在了地上。比起这个老太太，我的技术高明多了。

和訳 中国の古典的名作である『紅楼夢』には、こんな場面があります。ある農村のおばあさんが賈家の屋敷にやって来たところ、主人がおばあさんに箸で鳩の卵をつまむように言います。1個目はうまくつまめず、地面に落としてしまいましたが、このおばあさんに比べれば、私の手先はずっと器用です。

07 正解 [C]

選択肢
A 小城镇道路上人不少
B 两车相撞是因为抢道
C 撞车是因为“我”没刹车
D 轿车开得快撞倒了“我”

和訳
A 小さな町の道路は人が多い
B 2台の車がぶつかったのは先を争っていたからだ
C ぶつかった理由は「私」がブレーキをかけなかったからだ
D 自動車がスピードを出しすぎていたので、私はぶつかって倒れこんだ

放送内容 小城镇道路上人很少，车辆也不多，我把车骑得很快。前边十字路口突然停下一辆小轿车，我来不及刹车，一下子撞到了轿车上，摔倒在地。

和訳 小さな町の道路は人も車も少ないので、私の自転車はすいすいと進みました。目の前の十字路で自動車が突然止まって、私はブレーキをかける間もなく、その自動車にぶつかって、地面に倒れこみました。

08 正解 [B]

選択肢
A “我”没时间写稿件
B 学校给“我”发助学金
C 学校给“我”发零花钱
D 报社不采用学生稿件

和訳
A 「私」は原稿を書く時間がなかった
B 学校は「私」に奨学金を出していた
C 学校は「私」に小遣いをくれた
D 出版社は学生の原稿を受け入れなかった

放送内容 中学和大学时期，我主要靠助学金生活。但助学金只能解决吃饭问题，零花钱就靠写稿赚点儿稿费了。每次稿费虽然不多，却也能解决大问题。它支撑我读完中学，又读完大学。

和訳 中学、高校さらには大学時代、私は主に奨学金で生活していました。しかし奨学金はただ食費の足しとなるだけで、小遣いとなると何か書いて原稿料を稼がなければなりませんでした。毎回の原稿料は高くありませんでしたが、生活面では非常に助かりました。そのおかげで中学、高校さらには大学も卒業できたのです。

09 正 解 [D]

選択肢 A 夏阳是保送生
B 夏阳不爱学习
C 夏阳爱蹦爱跳
D 夏阳上了大学

和 訳 A 夏陽さんは推薦入学者だ
B 夏陽さんは勉強が嫌いだ
C 夏陽さんは跳ね回っているのが好きだ
D 夏陽さんは大学に入った

放送内容 夏阳12岁，是中国科技大学今年招收的年龄最小的大学生。他一路跳级，小学只上了两年，中学才读了三年，就以优异的成绩考入了这所著名的理工科大学。

和訳 夏陽さんは12歳ですが、今年選抜された中国科技大学の最年少の大学生です。飛び級を続け、小学校は2年、中高も3年いただけで、優秀な成績でこの有名な理工系大学に入学しました。

10 正 解 [D]

選択肢 A "我"已大学毕业
B "我"没想来中国
C 爸爸给"我"买了机票
D 老师建议"我"来中国

和 訳 A 「私」はすでに大学を卒業している
B 「私」は中国へ来るとは思ってもいなかった
C 父親が「私」に飛行機の券を買ってくれた
D 先生が「私」に中国へ行くことを勧めてくれた

放送内容 我一直对中国文化很感兴趣。要上大学了，我很想学和中国文化有关的专业。老师建议我亲自到中国体验一下，于是我打工挣足了钱，就买了来中国的机票。

和訳 私はずっと中国文化に興味を持っていました。大学に入る時、中国文化に関係する専攻に行きたいと思いました。先生が直接中国へ行って経験してみるのがよいと勧めたので、アルバイトで十分なお金を貯めると、中国行きの飛行機チケットを買ったのでした。

11 正　解［C］

選択肢　A “我”喜欢逛商场
B “我”不爱去书店
C 旧书摊上也有好书
D 逛商场会给“我”惊喜

和　訳　A 「私」はショッピングセンターを見て回るのが好きだ
B 「私」は本屋に行くのが好きではない
C 露天の古書市にもよい本がある
D ショッピングセンターを見て回ることは「私」にうれしい驚きを与えてくれる

放送内容　买书的过程的确是一种享受。我逛商场顶多二十分钟就累得不行，逛书店五六个小时也不觉得疲劳。我还常逛旧书摊，因为那里常会给我一些惊喜。

和訳　本を買うのは本当に楽しい。ショッピングセンターなら20分歩いたらもう疲れてしまいますが、本屋なら5、6時間でも疲れません。露天の古書市もよくぶらついています。そこはいつもうれしい驚きがあるからです。

12 正　解［B］

選択肢　A 父亲与母亲离婚了
B 母亲退休后很孤独
C 父母在一起不幸福
D 父亲到外地打工了

和　訳　A 父は母と離婚した
B 母は定年退職後とても孤独だ
C 父と母は一緒にいて幸せではなかった
D 父は出稼ぎに行った

放送内容　十年前，一场意外事故带走了父亲，夺走了母亲的幸福。这么多年，母亲一直都是孤身一人。她退休后，连个聊天儿的人都难找到，我更加感受到母亲的孤独。

和訳　10年前、ある事故で父が亡くなり、母の幸せまで奪ってしまいました。何年もの間、母は独りぼっちで孤独でした。定年退職後はおしゃべりをする人もいなくて、私は母の孤独をますます感じるようになりました。

13 正解［C］

選択肢
A 老年人不想去看电影
B 老年人买不到电影票
C 老年人看电影应优惠
D 老年人可看的电影太少

和訳
A お年寄りは映画を見に行きたがらない
B お年寄りは映画チケットが買えない
C お年寄りが映画を見るには割引があるべきだ
D お年寄りが見られる映画が少なすぎる

放送内容 如今老年人不是不愿意看电影，而是因为票价较高不舍得看电影。电影院可以开展老年人凭“老年证”购买优惠电影票的业务。这样既能提高上座率，又能满足老年人的需求。

和訳 お年寄りは今、映画を見たくないのではなく、チケット代が高いので見ることができないのです。映画館で、お年寄りが「高齢者証」を見せれば割引券が買えるというサービスも考えられます。それなら、客の入りがよくなるだけでなく、お年寄りの需要も満たされるからです。

14 正解［C］

選択肢
A 母亲当了校长
B 母亲劝我回家乡
C 我和妹妹都在北京
D 母亲给我们来上课

和訳
A 母は校長になった
B 母は私に故郷に帰るよう勧めた
C 私と妹はどちらも北京にいる
D 母は私たちに授業をしてくれた

放送内容 母亲退休后，当地政府打算再建一所学校，返聘她担任校长。这消息对母亲很有诱惑力，但母亲却婉拒了，她选择了和父亲一起到北京来陪伴我和妹妹。母亲说她错过了太多和子女交流的机会，希望来补一补。

和訳 母が定年退職してから、役所はもう1校学校を建てて、母に校長として戻って来てもらおうと思っていました。この知らせは母にとって魅力的でしたが、母はそれを断りました。母は父と一緒に北京に来て、私と妹と一緒にいることを選びました。母は子供と一緒にいる多くの機会を失ってしまったと言いました。だからそれを取り戻したいのだと。

15 正解［C］

選択肢 A 老虎是温柔的动物
B 东北虎经常会吃人
C 东北人担心碰上狼
D 东北人怕碰上东北虎

和訳 A 虎は優しい動物だ
B 東北虎はよく人を食べる
C 東北の人は狼に会うことを恐れる
D 東北の人は東北虎に会うことを恐れる

放送内容 在人们心目中，老虎一直是凶猛的动物。然而，在一般情况下东北虎不轻易吃人。它与狼才是死对头，总是把狼赶出自己的活动地带。东北人外出时并不怕碰见东北虎，而是担心遇上吃人的狼。

和訳 人々の目には、虎はいつも凶暴な動物に映ります。しかし、普通東北虎はそうそう人を食べはしません。東北虎は狼と天敵関係にあり、絶えず狼を自分の活動地帯から追い出しています。東北の人は外出時に東北虎に会うことより、人を食べる狼に出くわすことを恐れます。

放送内容 **第二部分**
第16到30题：请选出正确答案。现在开始第16到20题：

和訳 **第2部分**
問16～問30：正しい答えを選んでください。ただ今から問16～問20を始めます。

問題用紙 **第16-30题：请选出正确答案。**

和訳 **問16～問30：正しい答えを選んでください。**

放送内容 第16到20题是根据下面一段采访：

女：今天我们请来了中国工程院院士、亚洲肿瘤学会主席、中国医学科学院肿瘤医院内科主任医师孙燕先生。孙先生，您看上去一点儿也不像是八十多岁的老人，每周还能坚持出一次特需门诊。您这么好的身体是怎么保持的?

男：从防癌的角度看，饿着比撑着强，瘦的比胖的好。因为肥胖可能为多种癌症埋下隐患。我每顿饭只吃七分饱，但又受不了美食的诱惑，于是感觉差不多了，马上离开饭桌，决不久待，生怕管不住自己的嘴又多吃两口。再有就是适当进行运动，我运动的方式是以步代车，平日很少坐车。

女：现在不少人死于癌症，往往是等发现患了癌症，就到了晚期，结果是花钱不少却挽救不了生命。

男：肿瘤隐蔽性比较强，偶尔一次体检未必能发现。我们的身体就像一部精良的汽车，每个脏器24小时都在辛苦工作，当然需要定期检修和保养。只有合格了，才能避免出现意外。特别是老年人随着身体机能的下降，器官老化，体检的项目要尽可能全面，增加体检频率可提高早期发现肿瘤的几率。

女：您认为癌症患者有共同的地方吗?

男：患癌症有着相同的诱因，那就是压力大、长期抑郁、过分忧虑。长期的不良情绪会降低人体免疫力，使癌细胞有可乘之机。所以人要学会满足、学会感恩，人生不可能全都顺心如意，要自己调节和排解不良情绪。建议大家不生气、不折腾、不钻牛角尖，凡事都想开点儿，做个“没心没肺”的人。

女：得癌症跟不良的生活习惯也有关系吧?

男：当然。不少肿瘤可以说是被自己不良的生活习惯“诱发”出来的。如：喜欢吃高脂肪的食物，不吃蔬菜，就容易诱发肠癌；吸烟很容易诱发肺癌。还有就是要养成有规律的生活习惯，保持良好的生活节奏。

和訳 問16～問20までは以下のインタビューから出題されます。

女：今日は、中国工程院院士で、アジア腫瘍学会主席であり、中国医学科学院腫瘍医院内科主任医師の孫燕さんにお越しいただきました。孫さん、80歳をすぎた方には全く見えませんね。毎週1回の特殊外来診察をまだされているんですね。こんなに健康なお体を、どうやって維持していらっしゃるのでしょうか？

男：癌を防ぐという観点から見ると、空腹の方が満腹より、痩せている方が太っているよりもよいのです。肥満はさまざまな癌の温床になりますからね。私は毎食、腹七分目しか食べません。美味しいものの誘惑に負けても、そろそろだなと思ったら、すぐにテーブルを離れて長居はしません。というのは、そこにいると我慢できなくて、また食べてしまっては困りますから。それから適度な運動をすることです。私の運動というのは車に乗る代わりに歩くことで、普段はほとんど車に乗りません。

女：現在では多くの方が癌で亡くなっています。癌が発見されても、すでに末期で、お金をたくさん使っても命を救えないということも多いです。
男：腫瘍は見つかりにくいのです。1度の検査で見つからないこともあります。私たちの体はよくできた自動車のようなもので、それぞれの臓器が24時間働いてくれています。もちろん、定期検査とメンテナンスも必要です。検査に合格して、初めて事故を防げるのです。特に高齢者は身体機能の低下と器官の老化によって、健康診断はなるべく多くの項目を受けるのがよく、健康診断の回数も頻繁にして癌の早期発見率を高めるのがよいでしょう。
女：癌の患者には共通点があると思いますか？
男：癌には共通した誘因があります。それはストレス、長時間の憂鬱な心理状態、過度の不安です。長期間のよくない心理状態は人体の免疫力を低下させ、癌細胞に付け入る隙を与えてしまいます。ですから人は満足や感謝の心を持ち続けなければならないのです。人生は全てが自分の思い通りにいくわけではありません。自分の気持ちをコントロールし、いやな気持ちを晴らすことがよいです。皆さん、怒らず、イライラせず、つまらないことにこだわらず、何ごとも大らかに、「あまり深く考えない人」になるのがよいのです。
女：癌は悪い生活習慣とも関係がありますよね？
男：もちろんです。腫瘍の多くが相応しくない生活習慣から出てきたものと言えます。例えば、脂肪の多い食べ物を好み、野菜を食べないと、腸癌になりやすくなります。喫煙も、肺癌になりやすくなります。規則正しい生活習慣を身につけて、よい生活リズムを保つことも大切です。

16 正　解［B］

選択肢 A 内科门诊
B 特需门诊
C 外科门诊
D 防癌指导

和　訳 A 内科外来
B 特殊外来
C 外科外来
D 癌予防指導

放送内容 男的出什么门诊?

和訳 **男性は何の外来診察をしていますか？**

17 正 解 [D]

選択肢 A 要经常运动
B 别吃得太饱
C 要控制体重
D 学会慢生活

和 訳 A よく運動すること
B 腹いっぱいに食べ過ぎないこと
C 体重をコントロールすること
D ゆっくりした生活を心がけること

放送内容 关于如何预防癌症，男的没有提到哪项?

和訳 **癌を予防するために、男性が述べていない項目はどれですか？**

18 正 解 [C]

選択肢 A 不吃剩的饭菜
B 吃饭时要吃饱
C 不在饭桌久留
D 不到饭店吃饭

和 訳 A 余り物を食べない
B 食べる時は腹いっぱいに食べる
C 食卓に長い時間いない
D レストランで食事をしない

放送内容 男的是用什么方法管住自己的嘴的?

和訳 **男性はどんな方法で食べないように我慢していますか？**

19 正　解 [A]

選択肢　A　增加体检次数
　　　　B　有病及时治疗
　　　　C　防止器官老化
　　　　D　减轻器官工作量

和　訳　A　健康診断の回数を増やす
　　　　B　病気はすぐに治療する
　　　　C　器官の老化を防ぐ
　　　　D　器官の負担を減らす

放送内容　男的认为怎样做可以尽早发现肿瘤?

和訳　男性はどうすれば腫瘍が早期に発見できると述べていますか？

20 正　解 [B]

選択肢　A　没心没肺
　　　　B　不良情绪
　　　　C　都想得开
　　　　D　不爱折腾

和　訳　A　物事を深く考えない
　　　　B　いやな気持ち
　　　　C　何でも大らかに考える
　　　　D　イライラしない

放送内容　男的认为什么是患癌症的共同诱因?

和訳　男性は癌の共通した誘因となっているのは何だと述べていますか？

放送内容 第21到25题是根据下面一段采访：

女：作为一位高产作家，您的主要精力肯定都投入到创作中了，还有时间顾及个人生活吗？

男：当然要顾及，不然身体也吃不消啊！我每天也就写半天吧，下午读读书，看看报。看电视要根据当时的情绪和兴趣而定，有好电视剧时，我一般是买碟看。有时晚上游游泳，毕竟年纪大了，需要锻炼锻炼身体。

女：您认为写作是一项艰苦的工作吗？有没有写不下去的时候？

男：非常艰苦。比如最近写的这部电视剧，就写得拖拖拉拉的，用了很长时间。到拍成电视剧时，心里又在想：制片方满不满意？观众满不满意？创作者其实很脆弱，因为我写得特别认真，付出了那么多，当然希望有好的回报。也有写不下去的时候，卡在某个地方。遇到这种情况怎么办？不知道。反正挺难的，但不会放下创作去散心，因为创作是一气呵成的，如果情绪中断了，再拾起来会很难。

女：不知您关注没有，目前电视剧创作中有一种倾向——题材"撞车"，您怎么看？

男："撞车"有两种：一种是追风，比如当年有一部表现第三者的电视剧成功后，很多同类电视剧都来了；另一种是"所见略同"，即不约而同地重复了相似的故事和人物，这也会使作品大大减色。我是不会追风的；如果有"所见略同"的情况，就说明需要对别人的作品多加关注，不要闭门创作，以免不自觉地重复了别人的。

女：您认为现在剧作家所受的待遇公平吗？导演、演员往往风光无限，编剧却藏在幕后，很少被关注。

男：就付出的劳动说，演员可能拍了一部戏就火了，然后去做广告，收入非常多。而剧作家做广告谁看？又没漂亮的脸蛋。所以必须放平心态。应该承认，编剧的待遇比过去强多了，尤其是电视剧，对剧本的依赖越来越大，已引起了各方的重视。

和訳 問21～問25までは以下のインタビューから出題されます。

女：多作な作家として、主に書くことにエネルギーを投入されているんでしょう。ご自身の生活を考える時間なんてありますか？

男：もちろんありますよ、そうでなければ体がもちませんから。毎日、半日書いて、午後は読書をしたり、新聞を読んだりします。テレビはそのときの気持ちと興味に合うかで見ます。いいドラマがあったら、普通はDVDを買ってそれを見ます。夜は泳ぎに行くこともあります。歳をとったんだから、体を鍛えないとね。

女：書くことは苦しい仕事だと思いますか？　書けないことはありますか？

男：とても苦しいです。例えば最近書いているドラマに、延々と長い時間をかけていますが、ドラマになったらなったで「プロデューサーは満足しているだろうか？　視聴者は？」と思います。私は実はとても弱い人間なんです。というのも、懸命に書いて、多くのものをそこに注いでいますから、もちろんよい見返りがほしいと思うのです。書けなくて、どこかで行き詰まってしまう時もあります。そうなったらどうするか？　分かりません。とにかく大変です。でも書くことをやめて気を紛らわそうとは思いません。なぜなら、書くことは一気にやるもので、途中で気持ちが途切れたら、また気持ちを集中させることはとても難しいからです。

女：気になっていらっしゃるかもしれませんが、最近テレビドラマのテーマがかぶることが多いんです。これについてどう思われますか？

男：2種類あると思います。1つは、後追いというやつです。例えば、不倫をテーマにしたドラマがヒットすると、同じようなドラマがたくさん出てきます。もう1つは、偶然、似たようなストーリーと人物が期せずして重なるというものです。これも、作品をとてもつまらなくしてしまいます。私は後追いはしません。もし偶然重なった場合は、他人の作品に注意を払えということだと解釈し、部屋に閉じこもって書かないようにします。他人と期せずして重ならないようにね。

女：今の脚本家の待遇はこれでよいと思いますか？　監督や俳優は脚光を浴びるのに、脚本を書く人は後ろに追いやられてしまって、注目されることが少ないですので。
男：仕事からすれば、俳優はドラマに1度出れば人気が出て、その後はCMに出たりして、収入も多くなります。脚本家がCMに出ても、誰も見ませんよ。きれいな顔もしていませんし。ですから、平常心でいなければなりません。脚本家の待遇は昔よりずっとよくなったと言うべきでしょう。特にドラマは、脚本に頼る部分がますます大きくなってきて、注目を浴びるようになってきました。

21 正解 [B]

選択肢
A 看电视剧
B 买菜做饭
C 锻炼身体
D 读书看报

和訳
A テレビドラマを見る
B 食材を買って料理をする
C 体を鍛える
D 本や新聞を読む

放送内容 男的在谈个人生活时，没有涉及哪方面?

和訳 **男性が自分の生活について、述べていないのはどれですか？**

22 正解 [A]

選択肢
A 创作是很艰苦的
B 导演总来干扰他
C 一段时间生病了
D 因待遇低闹情绪

和訳
A 書くことがとても苦しいから
B 監督がいつも邪魔をするから
C ある時期、病気をしていたから
D 待遇が悪くてイライラするから

放送内容 男的最近写的那部电视剧，为什么用了很长时间?

和訳 **男性が最近書いているテレビドラマには、どうして長い時間をかけているのですか？**

23 正　解［C］

選択肢
A 找人帮忙
B 旅游散心
C 坚持去写
D 坚决放弃

和　訳
A 手伝ってくれる人を探す
B 旅行へ行って気を紛らわす
C 書き続ける
D すっぱりあきらめる

放送内容 男的在创作中，被卡在某个地方怎么办?

和訳 男性は執筆で、どこかで行き詰まってしまった場合はどうしますか？

24 正　解［D］

選択肢
A 追逐创作的潮流
B 关起门来搞创作
C 模仿他人的作品
D 关注别人的作品

和　訳
A 流行を追いかける
B 部屋にこもって書く
C 他人の作品を真似る
D 他人の作品に目を向ける

放送内容 男的是怎样解决创作中的题材“撞车”问题的?

和訳 男性は執筆でテーマが他人と重なることを、どうやって解決していますか？

25 正　解［B］

選択肢　A　怕自己火了
　　　　B　观众不认可
　　　　C　忙于搞创作
　　　　D　收入已很多

和　訳　A　自分の人気が出たら困るから
　　　　B　視聴者が認めないから
　　　　C　書くことに忙しいから
　　　　D　収入がすでにたくさんあるから

放送内容　男的为什么不去拍广告?

和訳　男性はどうしてCMに出ないのですか？

放送内容 第26到30题是根据下面一段采访：

男：文静，你作为《朝闻天下》的开播元老，过着与常人不同的生活，你是怎么坚持的？

女：每天早上四点起床，五点出门，六点开始直播。这六年中，有两年的时间我的床头上摆着六个闹钟，生怕自己起不来，耽误上班。好在闹钟很管用，自己也很争气。现在已经习惯了，用不着那么多闹钟了。以前我曾做过三年《媒体广场》、《新闻早八点》等早间新闻节目，只是没有《朝闻天下》那样做连续三个小时的直播。

男：听说你在组里是个活跃分子。

女：通常我一来，组里的人就都醒了。我有时给编导们开个玩笑，或者给摄像说个小笑话。那个时候大家都很困，如果连自己都打不起精神，电视机前的观众岂不越看越困？再说，早上的直播如果不是百分之百精神，很容易出错。

男：听说搞直播，嘴里要说，耳朵要听，手上要写，脑子要想，这是很难很难的。

女：直播时耳机是我与导播沟通的唯一途径。打开耳机，里面传来的是导播间的声音，有问稿子的，有电话连线的，经常是几路电话连线同时接通。往往是我嘴里播着新闻，耳机里传来导播对后面的播出安排，在我播新闻的时候要把导播的话记下来，所以脑子里永远要有两条线同时工作。

男：在新闻直播期间，你最担心的是什么？

女：最担心的是耳机里突然没有了声音，那说明设备出故障了。听不到导播的安排，就不知道要播什么了，但直播又不能停。

男：最近网络上热议你的"彩虹衣"，你知道这回事吗？

女：知道。我找人设计了中西结合的衣服，款式相同，但有多种颜色。"彩虹衣"是一位网友将我在节目中的这个系列的服装通过截图拼凑在一起的。感谢网友这么细心，连我们主持人的衣服都注意到了。那么多观众关注我，喜欢我，我要不把工作做好，那就太对不起大家了！

和訳 問26～問30までは以下のインタビューから出題されます。

男：文静さんはニュース番組『朝聞天下』を開始当初から務めていらっしゃるキャスターとして普通の人と違う生活を送っていますが、どうしてそんなことが続けられるのですか？

女：毎日4時に起きて、5時に家を出ます。6時に生放送が始まります。この6年のうち、2年間は枕元に6つの目覚まし時計を置いていました。寝坊して、遅刻しないようにね。幸い目覚まし時計のおかげもあり、また私自身も頑張ったというのもあり、今ではすっかり慣れて、そんなにたくさん目覚まし時計は必要ではなくなりましたけど。以前、3年間『メディア広場』『ニュース朝8時』など朝のニュース番組をやっていましたが、『朝聞天下』のような3時間ぶっ通しの生放送はなかったです。

男：現場ではみんなを盛り上げる刺激剤みたいな人なんだそうですね。

女：普段は私が来ると、現場の人はみんな目を覚ますんです。時々、ディレクターに冗談を言ったり、カメラマンに笑い話をしたりします。みんなが眠い時なので、自分がぼんやりしていたら、テレビの前の視聴者は見ていてますます眠くなってしまうでしょう？　それに、朝の生放送は100パーセントの気合でいかなければ、NGが出やすいんです。

男：生放送というのは、口では話して、耳では聞いて、手は書いて、頭では考えて、という非常に難しいもののようですね。

女：生放送の時はイヤホンだけが私とディレクターをつなぐ唯一のツールです。イヤホンをつけると、イヤホンからは調整室の音、例えば原稿についての質問や、電話がつながっていて、しかもよくいくつもの電話が同時につながっているというような音が聞こえてきます。ニュースを読み上げている時はよく、イヤホンから調整室から放送指示が聞こえてきます。ニュースを読んでいる時はそれを覚えながらなので、頭の中ではずっと2つのことが回っているんです。

男：ニュースの生放送で、最も恐れているのは何ですか？

女：イヤホンから何も音がしなくなった時、つまり故障です。ディレクターの指示も聞こえなくて、何を放送してよいのか分からず、でも生放送ですから止められないんです。
男：最近ネット上であなたの「虹衣装」が注目を浴びていますが、ご存知ですか？
女：ええ。中華と西洋を折衷させた衣装のデザインを頼み、同じデザインでいろいろな色を作ってもらったんです。「虹衣装」は、ネットユーザーの方が、そのシリーズの服を着て番組に出ている私の写真を並べてくれたものなんですよ。皆さんがこれほど細かく、私たちキャスターの服まで見てくださっていることに感謝します。こんなにたくさんの方が見て、愛してくださるのですから、きちんとやらなければ、皆さんに申し訳ないです。

26 正 解 [D]

選択肢 A 两年
B 三年
C 六年
D 九年

和 訳 A 2年
B 3年
C 6年
D 9年

放送内容 女的做了几年早间新闻节目？

和訳 **女性は朝のニュース番組を何年やりましたか？**

27 正　解 [B]

選択肢 A 让妈妈叫醒她
B 多用几个闹钟
C 她尽量早睡觉
D 她尽量早些起

和　訳 A 母親に起こしてもらう
B 多めに目覚まし時計を使う
C できるだけ早く寝る
D できるだけ早く起きる

放送内容 女的需要每天四点钟起床，她是用什么办法防止自己起不来的?

和訳 女性は毎朝4時に起きますが、寝坊をしないようにどんな方法をとっていますか？

28 正　解 [A]

選択肢 A 幽默
B 大方
C 沉闷
D 性急

和　訳 A ユーモアがある
B 大らかで気風がいい
C 暗い
D せっかちである

放送内容 女的是个什么性格的人?

和訳 女性はどんな性格の人ですか？

29 正 解 [D]

選択肢 A 直播时还没睡醒
B 直播时导播说话
C 导播间杂音太多
D 耳机突然不响了

和 訳 A 生放送の時に目が覚めていないこと
B 生放送の時ディレクターが話すこと
C 調整室の雑音が多すぎること
D イヤホンから突然音がしなくなること

放送内容 在新闻直播期间，女的最害怕出现什么问题?

和訳 ニュースの生放送中、女性が最も恐れているのは何ですか？

30 正 解 [C]

選択肢 A 那是表面现象
B 网友实在无聊
C 对自己是鞭策
D 尊重网友看法

和 訳 A 表面的な現象であると思っている
B インターネットユーザーは暇だと思っている
C 自分にとって励みになると思っている
D インターネットユーザーの意見を尊重している

放送内容 女的对网上热议她的“彩虹衣”怎么看?

和訳 女性は自分の「虹衣装」がネット上で注目を浴びていることについて、どう思っていますか？

放送内容 **第三部分**
第31到50题，请选出正确答案。现在开始第31到33题：

和訳 **第3部分**
問31 ～問50：正しい答えを選んでください。ただ今から問31 ～ 33を始めます。

問題用紙 **第31-50题：请选出正确答案。**

和訳 **問31 ～問50：正しい答えを選んでください。**

放送内容 第31到33题是根据下面一段话：
去年8月28日，湖南新天地旅行社22岁的导游文花枝带团赴陕西延安旅游。他们乘坐的旅游大巴在陕西洛川境内遭遇严重交通事故，造成6人死亡、14人重伤、8人轻伤。
事发时，文花枝腰部以下被卡在座位里不能动弹。危急关头，文花枝对救援人员说："我是导游，请你们先救游客。"由于失血过多，伤口严重感染，错过最佳救治时机，最终导致她左腿高位截瘫。
今年4月15日，文花枝入住中国康复研究中心北京博爱医院接受康复治疗并安装假肢。经过4个多月的治疗，目前，文花枝穿戴着假肢，已经能适应在各种路面上独立步行，可以自己完成提着暖瓶打水等活动。
据悉，文花枝康复出院后将入读湖南湘潭大学管理学院旅游专业，下个月将正式到该校报到。

和訳 問31 ～問33までは以下の話から出題されます。
昨年8月28日、湖南省新天地旅行社の22歳のガイド文花枝さんは旅行団を連れて陝西省延安を旅行していました。彼らが乗った観光バスは陝西省洛川県で大きな交通事故に遭い、死者6人、重傷者14人、軽傷者8人の被害を出しました。
事故の時、文花枝さんは腰から下が座席に挟まれて動けませんでした。こんな危険な時でも、文花枝さんは救援者に対し「私はガイドだから、お客さんを先に助けてあげて」と言って、大量出血と傷口からのひどい感染により、救護されるタイミングを逃し、左足に麻痺が残ってしまいました。
今年4月15日、文花枝さんは中国リハビリ研究センター北京博愛病院に入院し、リハビリ治療を受けて義足をつけました。4カ月以上の治療を経て、現在文花枝さんは義足をつけてどんな道でも一人で歩けるようになり、さらに魔法瓶を持ってお湯を入れるといったこともできるようになりました。
文花枝さんはリハビリセンターを退院後、湖南湘潭大学の管理学院で観光を専攻し、来月正式に入学が発表されるそうです。

31 正解 [C]

選択肢
A 湖南湘潭
B 湘潭大学
C 陕西洛川
D 博爱医院

和訳
A 湖南省湘潭
B 湘潭大学
C 陝西省洛川県
D 博愛医院

放送内容 这次交通事故发生在什么地方？

和訳 交通事故はどこで起きましたか？

32 正　解 [B]

選択肢
A 游客
B 导游
C 司机
D 医生

和　訳
A 観光客
B ガイド
C 運転手
D 医師

放送内容 文花枝受伤前是做什么工作的?

和訳 文花枝さんはけがをする前、何の仕事をしていましたか？

33 正　解 [C]

選択肢
A 在家休养
B 重返岗位
C 入读大学
D 国外进修

和　訳
A 家で休養する
B もとの職に復帰する
C 大学に入学する
D 国外で研修を受ける

放送内容 文花枝康复出院后打算做什么?

和訳 文花枝さんはリハビリセンター退院後は何をする予定ですか？

放送内容 第34到36题是根据下面一段话：
昨天，北京故宫首次对参观游客实行限流，每天限8万人次。截至上午11时40分，故宫共售出6万多张门票，约占当天门票限额的80%。
根据往年数据统计，故宫在黄金周等旅游高峰，每天接待的游客量都突破了10万人，最高时接近15万人。今后故宫在“黄金周”期间，也就是在为期约一周的节假日里，限流将会成为常态，在一些旅游高峰季节也不排除采取限流的做法。
4月30日、5月1日两天，故宫将提前一小时，即7点30分开门迎客，售票工作也将提前开始。

和訳 問34～問36までは以下の話から出題されます。
昨日、北京の故宮では初めて観光客の入場制限を行い、1日延べ8万人までとしました。午前11時40分までに、故宮では6万枚以上の入場券が売れ、この日の入場券上限数の80%に達しました。
以前の統計データによると、故宮はゴールデンウイークなどのピーク時、毎日受け入れる観光客は10万人を突破し、最高時では15万人近くにもなりました。今後故宮ではゴールデンウイーク期間中、つまり1週間程度の休暇中は常に入場制限を行い、また一部の観光シーズン中も行う可能性があるといいます。
4月30日、5月1日の2日間は、故宮は1時間繰り上げ、つまり7時30分から開場して観光客を入れ始め、入場券の販売も繰り上げます。

34 正解 [B]

選択肢
A 6万
B 8万
C 10万
D 15万

和訳
A 6万
B 8万
C 10万
D 15万

放送内容 **昨天北京故宫最多能接待多少游客？**

和訳 **昨日北京の故宮は最高で何人の観光客を受け入れましたか？**

35　正　解 [C]

選択肢　A　可以免费参观的那周
B　一周之内的最高收入
C　为期约一周的节假日
D　黄金卖出最多的一周

和　訳　A　無料で見学できる週
B　1週間の最高収入
C　1週間程度の祝祭日
D　金が一番売れる週

放送内容　“黄金周”是指什么?

和訳　「ゴールデンウイーク」とは何ですか？

36　正　解 [C]

選択肢　A　6点半
B　7点半
C　8点半
D　9点半

和　訳　A　6時半
B　7時半
C　8時半
D　9時半

放送内容　北京故宫平时都在什么时候开门?

和訳　北京の故宮は普段何時から開場しますか？

放送内容 第37到39题是根据下面一段话：
又到了吃涮羊肉的大好季节，很多人在吃完后还要习惯性地喝些汤，于是，不少饭店还特意为喝汤者配备了葱花、香菜、酱油、醋等调味品。但有专家指出：涮羊肉的汤不能喝。
一些人认为涮羊肉的汤里集中了羊肉、海鲜、蔬菜等食品的精华，不仅味道鲜美，而且营养丰富。可是同一锅汤经过高温反复煮沸，不仅有的营养物质已经被破坏了，还会形成一些对身体有害的物质。喝了这样的汤，会导致一些疾病的发生。所以，秋冬季节吃涮羊肉虽对身体有温补作用，但应注意不要喝汤。

和訳 問37～問39までは以下の話から出題されます。
ラム（羊肉）しゃぶしゃぶの季節がやってきました。食べ終わった後、いつもの習慣で出汁を飲む人も多く、さらに多くのレストランではそのためのネギや香菜、醤油や酢などの調味料を用意しています。しかし、専門家は、ラムしゃぶしゃぶの出汁は飲んではいけないといいます。
しゃぶしゃぶの出汁はラムや海鮮、野菜などのうまみが出ていて、美味しいだけではなく栄養が豊富だと思っている人もいます。しかし、しゃぶしゃぶをした鍋の出汁は高温で何度も煮たてられ、栄養素はすでに破壊され、さらに体に有害な物質も形成されています。このような出汁を飲むと、病気になる可能性があります。よって、秋や冬にラムのしゃぶしゃぶを食べると体が温まる作用はありますが、出汁は飲まないように注意すべきです。

37 正解 [D]

選択肢
A 初春季节
B 朋友聚会
C 盛夏季节
D 秋冬季节

和訳
A 初春の季節
B 友達の集まり
C 真夏
D 秋や冬

放送内容 什么时候吃涮羊肉是最佳季节?

和訳 ラムのしゃぶしゃぶを食べるのに最もよい季節はいつですか？

38 正解［B］

選択肢 A 能增强食欲
B 可温补身体
C 可减轻体重
D 能治疗咳嗽

和訳 A 食欲を高める
B 体を温める
C 体重を減らす
D 咳を止める

放送内容 吃涮羊肉对身体有什么好处?

和訳 ラムのしゃぶしゃぶを食べると体に何のメリットがありますか？

39 正解［C］

選択肢 A 汤的调料不讲究
B 汤的温度已很高
C 会导致疾病发生
D 汤的营养太丰富

和訳 A 出汁の調味料にこだわっていないから
B 出汁が熱くなっているから
C 病気になるかもしれないから
D 出汁の栄養が豊富すぎるから

放送内容 为什么不能喝涮羊肉的汤?

和訳 どうして しゃぶしゃぶの出汁は飲んではいけないのですか？

放送内容 第40到42题是根据下面一段话：
商品有质量好坏、价格高低的差别。人们常说“货比三家”，意思是要多看几家商店，多比较比较，然后再决定该买哪家的。买东西，价格总该合适。太贵的，东西再好，一般人也买不起；太便宜的又让人感到质量不放心。常言道“一分价钱一分货”嘛！所以购物是需要计划出足够的时间的，这样才会买到价格和质量都合适的东西。
购物时，售货员的态度很可能会影响人们的情绪，碰到态度差的售货员，你可以不买，再去别的商店看看。如果非要在那儿买，可能会花钱买气受。

和訳 問40～問42までは以下の話から出題されます。
商品には質のよしあしがあり、価格も高いものから安いものまであります。よく「货比三家」と言いますが、この意味は何軒も店を回って、よく比べてからどの店のを買うか決めろということです。買い物は、価格がちょうどよくなくてはなりません。高すぎては、物がどんなによくても普通の人は買えませんし、安すぎても品質が心配になります。「一分价钱一分货（品質は値段しだいだ）」とよく言うではありませんか。ですから、買い物には十分な時間を割く必要があるのです。それでこそ、価格と品質が釣り合ったものを買えるのです。買い物の時、店員の態度が客の気持ちに影響するかもしれません。態度の悪い店員に出くわしたら、買わないで、ほかの店を見に行った方がいいです。もしそこで買ったなら、お金を払った上でいやな気分になるかもしれないからです。

40 正解 [C]

選択肢
A 买东西时不用太犹豫
B 买东西需要大量时间
C 应多比较质量和价格
D 应选择态度好的商店

和訳
A 買い物の時はそれほど迷わなくてよいということ
B 買い物には時間をかける必要があるということ
C 品質と価格をよく比べてみるべきだということ
D 態度のいい店を選ぶべきだということ

放送内容 “货比三家”是什么意思？

和訳 「货比三家」とはどんな意味ですか？

41 正 解 [B]

選択肢
A 有的商品非常便宜
B 质量往往决定价格
C 应该买些贵的东西
D 应多比较比较价格

和 訳
A とても安い商品がある
B 品質が往々にして価格を決める
C 高めの物を買うべきである
D 価格をよく比べてみるべきである

放送内容 "一分价钱一分货" 是什么意思?

和訳 「一分价钱一分货」とはどんな意味ですか？

42 正 解 [D]

選択肢
A 买了不需要的东西
B 没买到想要的东西
C 买东西会非常辛苦
D 买了东西但不愉快

和 訳
A 要らない物を買ってしまった
B 欲しい物を買えなかった
C 買い物はとても疲れる
D 買ったけど気分はよくない

放送内容 "花钱买气受" 是指什么?

和訳 「花钱买气受」というのは何を指していますか？

放送内容 第43到46题是根据下面一段话：
现在的父母总希望孩子在学习成绩上出人头地，超出其他学生。他们不让孩子做家务，好让孩子有更多的时间学习，这是个不好的现象。
经常让孩子独立去完成一件事，能够唤起他的自信，这样成绩自然也会进步。老师们说，经常做家务的孩子解答数学应用题的能力一般比较强。这是为什么呢？一是思考应用题时，能和实际生活联系在一起，帮助理解。二是做家务时需要有条不紊地进行才能做好；同样地，解数学应用题时，必须把演算步骤清楚地列出来，才能算出答案。三是经常做家务的孩子，对数字较少有排斥感，孩子帮父母买东西时，在付钱、找钱的过程中，他们的心算能力也会得到训练和提高。

和訳 問43～問46までは以下の話から出題されます。
今時の親は子供が人より抜きん出て、成績がほかの生徒よりよくなることを望んでいます。子供に家事をさせず、子供がより多くの時間勉強するようにさせていますが、これはよくない現象です。
常に子供が一人で何か成し遂げるようにさせることは、子供に自信をつけさせ、そうすれば成績も自然と伸びるのです。よく家事をする子供は数学の応用問題を解く能力が普通より高いと先生たちは、言います。なぜでしょうか。1つには、応用問題は実際の生活と関わりがあるので、そうした問題を解くときに、家事をしている子供は理解しやすいのです。2つ目の理由は、家事はきちんと秩序立ててやらなければできません。同様に、数学の応用問題を解く時も、演算のプロセスを秩序立てて書き出さなければ、答えの計算ができません。3つ目は、よく家事をする子供は、数字に対する抵抗感が少ないのです。お使いに行く時、子供は支払いやおつりで暗算能力を訓練し高めているのです。

43 正解 [B]

選択肢 A 扭头看别人
B 超出其他人
C 向别人低头
D 比一般人差

和訳 A 振り向いて他人を見る
B 他人より抜きん出る
C 他人に頭を下げる
D 普通の人より劣っている

放送内容 录音中的“出人头地”是什么意思？

和訳 放送中の「出人头地（人より抜きん出て）」とはどんな意味ですか？

44 正 解 [A]

選択肢 A 唤起孩子自信　B 节省家长时间
C 使孩子很反感　D 耽误孩子学习

和 訳 A 子供に自信をつけさせることができる
B 親の時間が節約できる
C 子供は反感を感じるようになる
D 子供の勉強の妨げになる

放送内容 经常让孩子独立去完成一件事会怎么样?

和訳 常に子供が一人で何かを成し遂げるようにさせるとどうなりますか？

45 正 解 [C]

選択肢 A 大刀阔斧　B 动作要快
C 有条不紊　D 谨小慎微

和 訳 A てきぱきと処理すること　B 動作を早くすること
C 秩序立ててきちんとすること　D びくびくすること

放送内容 孩子做家务和解数学应用题时的相同点是什么?

和訳 子供が家事をするのと数学の応用問題を解くのにはどんな共通点がありますか？

46 正 解 [C]

選択肢 A 培养孩子的表达能力　B 可以买到便宜的东西
C 训练孩子的心算能力　D 培养孩子的笔算能力

和 訳 A 子供の表現能力が伸びる
B 安い物を買えるようになる
C 子供の暗算能力が訓練される
D 子供の筆算能力が伸びる

放送内容 常帮助家长买东西，对孩子有什么好处?

和訳 親の手伝いで買い物をさせると、子供にどんなよいことがありますか？

放送内容

第47到50题是根据下面一段话：

昨天14时，泰达图书馆多功能厅聚集了60多人前来参加英语角活动。英语角开办三年来，培养学员超过万人。很多外国人也愿意到这儿来学习中国文化。英语角已成为中外文化交流的平台。

虽然多功能厅只有30余个座位，但却来了60多人。没有座位的人只好站在最后一排和过道里。

英语角出入自由，不需要任何费用和手续，唯一的“准入证”就是真诚和热情。每个周末，英语爱好者聚集在这里学习和交流，时事热点、人情伦理等都是英语爱好者热衷的话题。英语角的学员也非常乐于参加志愿服务工作，从达沃斯论坛到上海世博会，只要有涉外人员参加的活动就会有英语角志愿者的身影。

不少参与活动的外教表示，英语角带给他们的是可以触摸的真实的中国，他们不光到这儿教授口语，也在这儿结识了不少中国朋友，还学到了许多中国文化。

和訳

問47～問50までは以下の話から出題されます。

昨日14時、泰達図書館の多目的ホールでは60人以上が英語コーナーの活動に集まりました。英語コーナーは始まって3年で、これまでここで学んだ人数は1万人を越えます。多くの外国人もここに来て中国文化を勉強しています。英語コーナーは中国と外国の文化交流の場所になっているのです。

多目的ホールには30余りの席しかありませんが、60人以上が来て、席がない人は最後尾の列と通路に立っているしかありませんでした。

英語コーナーは出入り自由で、費用も手続きも要りません。唯一の入場証は誠実さと熱意です。毎週末、英語愛好者はここに集まって勉強や交流をします。時節の話題や、人としての倫理などはどれも英語愛好者が熱心に議論する話題です。英語コーナーの学習者たちはボランティアへの参加にも積極的です。ダボス会議から上海万博まで、外交関係者が参加する活動では英語コーナーのボランティアの姿が見られます。

活動に多く参加している外国人教師は、英語コーナーがもたらしてくれたのは本当の中国に触れる機会だったと言います。ここで会話を教えるだけでなく、多くの中国人の友達をつくり、たくさんの中国文化を学んだそうです。

47 正 解 [C]

選択肢 A 很死板
B 很冷清
C 很红火
D 较混乱

和 訳 A 活気がない
B ひっそりとしている
C 流行っている
D 混乱気味だ

放送内容 三年来，泰达图书馆英语角办得怎么样?

和訳 3年間、泰達図書館の英語コーナーはどんな様子でしたか？

48 正 解 [A]

選択肢 A 任何人
B 外国人
C 年轻人
D 老年人

和 訳 A 全ての人
B 外国人
C 若い人
D お年寄り

放送内容 什么样的人可以参加英语角活动?

和訳 英語コーナーの活動に参加できるのはどんな人ですか？

49 正　解［D］

選択肢
A 较好的口语
B 交费的收据
C 个人的简历
D 真诚和热情

和　訳
A 会話が上手であること
B 費用の領収書
C 個人の履歴書
D 誠実さと熱意

放送内容 什么是英语角的准入证?

和訳 英語コーナーの入場証は何ですか？

50 正　解［C］

選択肢
A 讨论时事热点
B 议论人情伦理
C 参与志愿服务
D 练习英语口语

和　訳
A 時節の話題について討論する
B 人としての倫理を議論する
C ボランティアに参加する
D 英会話を練習する

放送内容 下面哪项不是英语角活动的内容?

和訳 英語コーナーの活動内容でないのは以下のどれですか？

放送内容 **听力考试现在结束。**

和訳 **聴解試験はこれで終了です。**

（三）听　力

第一部分

第1-15题：请选出与所听内容一致的一项。

1. A 在家吃饭好处多　　B 在家吃饭工作好
   C 在外就餐麻烦多　　D 外面饭馆不卫生

2. A 那天教练很生气　　B 那位女士去游过泳
   C 教练不认识那女士　　D 商场里面人不太多

3. A 多睡觉对人是有好处的　　B 人应每天睡七八个小时
   C 睡眠时间跟寿命成正比　　D 睡眠时间跟寿命成反比

4. A 昆明是四季如春的城市　　B 昆明的冬天气温是15℃
   C 昆明的秋天看不到花开　　D 昆明的花只有夏天才开

5. A 中国人都不请外人喝酒　　B 只有好友才请到家吃饭
   C 大多数中国人热情好客　　D 客人可要求到家里做客

6. A 健康学家主张吃快餐　　B 吃慢餐有利老人健康
   C 吃快餐对年轻人有害　　D 健康学家都是老年人

7. A 假期里特色餐馆生意兴隆　　B 假期里餐馆的老年顾客多
   C 假期里逛百货商场的人少　　D 很多年轻人结伴去逛商场

8. A 喝干红葡萄酒应加冰块　　B 加入雪碧的葡萄酒好喝
   C 喝干红葡萄酒以室温最好　　D 干红葡萄酒应该喝冷藏的

9. A “我”已经毕业了　　B “我”不想回国了
   C “我”记忆力不好　　D 往事很令人难忘

10. A “我”喜欢读《新报》　　B 报上没有国外的大事
    C 报上只登国内的大事　　D 报上没有“我”要的资料

11. A 陈正之从小很聪明　　B 陈正之只读专业书
    C 陈正之读书很刻苦　　D 陈正之是位博士生

12. A 适量食醋有益于健康 B 天津人爱买山西陈醋
C 天津人有病不去医院 D 三大名醋是天津特产

13. A 司马迁从小就爱好旅游 B 司马迁最喜欢游览长江
C 司马迁没到过黄河一带 D 司马迁是《史记》的作者

14. A 做鱼都应刮鱼鳞 B 带鱼银鳞有营养
C 做带鱼时要刮鳞 D 吃带鱼没有营养

15. A 要让母亲给我们拥抱 B 母亲不希望收到礼物
C 送母亲的礼物应贵重 D 五月里有一个母亲节

第 二 部 分

第16-30题：请选出正确答案。

16. A 当演员是从小的梦想　B 考上了北京电影学院
    C 遇到了著名导演姜文　D 偶然客串了一部电视剧

17. A 当排球运动员时　B 回到家乡的时候
    C 上大学一年级时　D 做专业演员以后

18. A 跟排球有很深的感情　B 排球可做拍戏的道具
    C 因排球的色彩很鲜艳　D 用排球锻炼手的力量

19. A 两部　B 三部
    C 四部　D 五部

20. A 完成导演的作业　B 进行艺术的积累
    C 打发空闲的时间　D 准备写评论文章

21. A 拍电影　B 演音乐剧
    C 演电视剧　D 跳芭蕾舞

22. A 《黄河颂》　B 《唐古拉》
    C 《木兰诗篇》　D 《在那遥远的地方》

23. A 美声唱法　B 民族唱法
    C 通俗唱法　D 原生态唱法

24. A 跟妈妈学的是民族唱法　B 唱通俗歌曲为了找工作
    C 民族唱法在市里获过奖　D 投入自己的情感最重要

25. A 爸爸　B 妈妈
    C 羊鸣　D 梅兰芳

26. A 脊柱不容易变形　B 避免地磁的干扰
    C 脚可被太阳照射　D 防止细菌吸入口中

27. A 右侧卧　　B 左侧卧
C 常翻身　　D 垫高枕头

28. A 睡的床铺不同　　B 睡眠长短不同
C 所患疾病不同　　D 生理节奏不同

29. A 抑郁型失眠者　　B 焦虑型失眠者
C 能很快入睡者　　D 可深度睡眠者

30. A 床铺的软硬　　B 噪音的大小
C 电磁的强弱　　D 枕头的高低

第三部分

第31-50题：请选出正确答案。

31. A 一只兔子飞跑过去了　B 一棵树从根部折断了
    C 兔子在树根上撞死了　D 看到了一只白色兔子

32. A 每天都要买酒喝　B 坐等兔子撞树根
    C 关心兔子的价钱　D 每天都能捡到兔子

33. A 过好日子要碰好运气　B 种庄稼不如饲养兔子
    C 过好日子靠辛勤劳动　D 每天捡只兔子够吃喝

34. A 太贵了　B 没问价
    C 没带钱　D 不让挑

35. A 喜欢小店的艺术氛围　B 想记住小店所在位置
    C 去欣赏小店的工艺品　D 很想买到那个小挂件

36. A 嫌太贵　B 质量差
    C 不漂亮　D 没情趣

37. A 不轻松　B 很轻松
    C 很害怕　D 很高兴

38. A 要装修的人没经验　B 装修公司管理混乱
    C 要装修的人不付钱　D 要装修的人缺专业知识

39. A 多给装修公司一些钱　B 多跟装修公司进行沟通
    C 多跟装修公司讨价还价　D 从几个装修公司中选择

40. A 显得隆重　B 没备礼物
    C 表示亲切　D 当场作秀

41. A 不喜欢　B 嫌太旧
    C 太贵重　D 不值钱

42. A 诚信是最贵重的　　B 领导要关心员工
C 员工要敬重领导　　D 礼物不必太贵重

43. A 有关守岁的传说　　B 有关过年的传说
C 有关除妖的传说　　D 有关压岁钱的传说

44. A 孩子再也睡不着觉　　B 聪明孩子变成傻子
C 傻子变成聪明孩子　　D 孩子只会坐着睡觉

45. A 用珍珠做的戒指　　B 戴很多珠宝的人
C 非常受疼爱的人　　D 家里所有的珠宝

46. A 孩子的哭闹声把它吓跑了　　B 那对夫妇将铜钱向它投去
C 那对夫妇吹灯后去追赶它　　D 孩子枕边的红包发出亮光

47. A 食用的盐过多　　B 食用辣椒过多
C 食用粗粮过少　　D 食用的油过多

48. A 超过规定量　　B 吃羊肉太多
C 吃烤鸭太多　　D 吃牛肉太少

49. A 20 克　　B 30 克
C 40 克　　D 42 克

50. A 进行体育运动　　B 控制食用的油量
C 减少外出就餐次数　　D 晚饭要吃得少一些

第3回	第一部分	問題 P.94	0301.mp3

放送内容 大家好！欢迎参加HSK（六级）考试。
大家好！欢迎参加HSK（六级）考试。
大家好！欢迎参加HSK（六级）考试。
HSK（六级）听力考试分三部分，共50题。
请大家注意，听力考试现在开始。

和訳 こんにちは。HSK6級テストへようこそ。
こんにちは。HSK6級テストへようこそ。
こんにちは。HSK6級テストへようこそ。
HSK(6級)聴解試験は3部分あり、合計50問です。
ただ今から聴解試験を始めます。注意して聞いてください。

放送内容 第一部分
第1到15题，请选出与所听内容一致的一项。现在开始第1题：

和訳 第1部分
問1 ～問15について、放送内容にあてはまる項目を1つ選んでください。ただ今から問1を始めます

問題用紙 第1-15题：请选出与所听内容一致的一项。

和訳 問1 ～問15：放送内容にあてはまる項目を1つ選んでください。

01 正 解 [A]

選択肢
A 在家吃饭好处多
B 在家吃饭工作好
C 在外就餐麻烦多
D 外面饭馆不卫生

和 訳
A 家でご飯を食べるとメリットが多い
B 家でご飯を食べて仕事をするのがよい
C 外食は面倒なことが多い
D レストランは不衛生である

放送内容 中国人喜欢在家里就餐。全家人在一起边吃边谈，气氛热闹，使人精神愉快，有助于解除学习、工作的疲劳。在外学习、工作，难免遇到一些不高兴的事，回到家里，全家老小围坐在饭桌旁，说说笑笑，一切烦恼自然也就忘记了。

和訳 中国人は家で食事をするのが好きです。一家全員で食事をしながらのおしゃべりは、にぎやかでとても楽しいので、勉強や仕事の疲れを忘れさせてくれます。外で勉強や仕事をしていると、どうしてもいやなことがあるものですが、家に帰って家族みんなで食卓を囲んで楽しく話していると、どんな悩みも自然に忘れてしまいます。

02 正 解 [B]

選択肢
A 那天教练很生气
B 那位女士去游过泳
C 教练不认识那女士
D 商场里面人不太多

和 訳
A その日コーチは怒っていた
B その女性は泳ぎに行ったことがあった
C コーチはその女性を知らなかった
D ショッピングセンターにはそれほど人がいなかった

放送内容 有位游泳教练个性开朗，嗓门儿极大。一天，他正在逛商场，拥挤的人流中，突然有位女士跟他打招呼。教练愣了片刻，随即大声说道：“啊！原来是你，穿上衣服我都认不出你来了！”

和訳 水泳のコーチは陽気で、声が大きい人でした。ある日、ショッピングセンターを歩いていると、人ごみの中から、突然ある女性に声をかけられました。コーチはしばらく黙っていましたが、すぐに大声で「ああ、君か、服を着ていたら分からなかったよ！」と言いました。

03 正　解 [B]

選択肢 A 多睡觉对人是有好处的
B 人应每天睡七八个小时
C 睡眠时间跟寿命成正比
D 睡眠时间跟寿命成反比

和　訳 A よく寝ることは多くのメリットがある
B 人は毎日7～8時間寝るのがよい
C 睡眠時間と寿命は正比例する
D 睡眠時間と寿命は反比例する

放送内容 人的睡眠时间与寿命长短关系极为密切，但绝非是睡眠时间越长寿命越长。每天平均睡七八个小时的人，寿命最长；每天睡眠不足四小时的人，死亡率是前者的两倍；每天睡眠十小时以上的人，有80%可能短命。

和訳 **人の睡眠時間は寿命の長さと深い関係がありますが、睡眠時間が長ければ寿命も長くなるというのでは決してありません。毎日平均7～8時間寝ている人が寿命が最も長いです。毎日の睡眠が4時間に満たない人は死亡率が前者の倍です。毎日10時間以上寝ている人の80%が短命の可能性があります。**

04 正　解 [A]

選択肢 A 昆明是四季如春的城市
B 昆明的冬天气温是15℃
C 昆明的秋天看不到花开
D 昆明的花只有夏天才开

和　訳 A 昆明は一年中春のような都市である
B 昆明の冬の気温は15度である
C 昆明は秋に咲く花がない
D 昆明の花は夏しか咲かない

放送内容 昆明是中国气候最好的城市，那里冬天不冷，夏天不热，四季如春，平均气温约为15℃。由于气候温和，雨水充足，所以全年都有鲜花盛开。

和訳 **昆明は中国で最も気候がよい都市です。冬は暖かく、夏も涼しく、一年中春のようで、平均気温は15度です。気候が温暖で雨もよく降るので一年中、花盛りです。**

05 正 解 [C]

選択肢 A 中国人都不请外人喝酒
B 只有好友才请到家吃饭
C 大多数中国人热情好客
D 客人可要求到家里做客

和 訳 A 中国人は人を招いて酒を飲まない
B 家へ食事に招かれるのは親友だけである
C 多くの中国人は客好きである
D 客は家へ呼ばれることを要求してもよい

放送内容 中国人有请客的传统，就是初次相识的人也可能会被请到家里吃饭。请客人到家里吃饭，都说是“吃顿家常饭”，但主人会尽可能把饭菜安排得丰盛一些，有的还要拿出最好的酒来招待客人。

和訳 中国人は客をもてなす伝統があり、初めて出会った人でも家へ食事に招かれることもあります。客として食事に呼ばれる時は、いつも「ありあわせの食事で」と言いながら、主人はたっぷりとごちそうを出し、場合によっては一番よい酒を持ち出して客をもてなすこともあります。

06 正 解 [B]

選択肢 A 健康学家主张吃快餐
B 吃慢餐有利老人健康
C 吃快餐对年轻人有害
D 健康学家都是老年人

和 訳 A 健康学者はファストフードを食べることを主張している
B スローフードは高齢者の健康によい
C ファストフードは若者によくない
D 健康学者はみな高齢者である

放送内容 生活和工作节奏加快使得越来越多的人选择快餐。但健康学家指出：长期吃快餐，对消化功能已有不同程度退化的老人来说，害处是很多的。因此他们开办了一所向老人开放的“慢餐俱乐部”，提倡细嚼慢咽。

和訳 生活や仕事が忙しくなるにつれ、多くの人がファストフードを選ぶようになっています。しかし健康学者は、消化機能がある程度弱くなっている高齢者が長い間ファストフードを食べ続けると弊害が多いと言います。そこで彼らは高齢者に向けて「スローフードクラブ」を設立し、よく噛んでゆっくり飲み込むことを提唱しています。

07 正　解［A］

選択肢
A 假期里特色餐馆生意兴隆
B 假期里餐馆的老年顾客多
C 假期里逛百货商场的人少
D 很多年轻人结伴去逛商场

和　訳
A 休暇中、特色あるレストランは儲かっている
B 休暇中のレストランは高齢者の客が多い
C 休暇中、百貨店に行く人は少ない
D 多くの若者が仲間を連れてショッピングセンターへ行く

放送内容 “五一”假期，除了各大百货商场外，一些特色餐馆也成了消费大热门。据了解，这些特色餐馆连日来人气火爆，前来就餐的多数是结伴而来的年轻人。

和訳 5月1日から始まる休暇では、大型百貨店のほか、特色あるレストランでも盛んに消費活動が行われます。このようなレストランは連日大賑わいで、食事に来る多くは仲間連れの若者だといいます。

08 正　解［C］

選択肢
A 喝干红葡萄酒应加冰块
B 加入雪碧的葡萄酒好喝
C 喝干红葡萄酒以室温最好
D 干红葡萄酒应该喝冷藏的

和　訳
A 辛口の赤ワインを飲む時は氷を入れるべきだ
B スプライトを混ぜたワインは美味しい
C 辛口の赤ワインは室温で飲むのが最もよい
D 辛口の赤ワインは冷蔵して飲むべきだ

放送内容 干红葡萄酒以室温饮用最适宜，不要冷藏。饮用干红葡萄酒，尤其是优质酒，最好不要在酒中加冰块或其他饮料，以免破坏其香气和味道，从而使其丧失酒的真正价值。

和訳 辛口の赤ワインは室温で飲むのが一番よく、冷蔵してはいけません。特によいワインは、香りや味を損なわないように、またワインが持つ本当の価値を失うことがないように、氷やそのほかの飲み物を加えない方がよいです。

09 正 解 [D]

選択肢 A "我"已经毕业了
B "我"不想回国了
C "我"记忆力不好
D 往事很令人难忘

和 訳 A「私」はもうすでに卒業している
B「私」は国へ帰りたくなくなった
C「私」は記憶力がよくない
D 忘れられないことがある

放送内容 来中国留学几年，马上就要毕业回国了。回顾几年来经历的大事小事，难忘的事真不少，有意思的事也很多，尤其是暖气管爆裂那件事，一直深深地印在我的脑子里。

和訳 中国に留学してから数年たち、もうすぐ卒業して帰国します。この数年間のいろいろなことを思い出すと忘れられないことやおもしろかったことが本当に多いのですが、いつまでも私の脳裏に最も深く残っているのは、暖房のパイプ爆発事件です。

10 正 解 [A]

選択肢 A "我"喜欢读《新报》
B 报上没有国外的大事
C 报上只登国内的大事
D 报上没有"我"要的资料

和 訳 A「私」は『新報』を読むのが好きだ
B『新報』には外国のビッグニュースがない
C『新報』には国内のビッグニュースしかない
D『新報』には私の欲しい資料がない

放送内容 我是一名大学生，每天都花一些时间读《新报》，了解国内外大事，查找跟自己专业有关的资料。《新报》既使我增长了见识，又让我的生活更加轻松方便，给我的帮助很大。

和訳 私は大学生で、毎日時間をとって『新報』を読んで、国内外の大きなニュースから、自分の専攻と関係のある資料を探しています。『新報』は私にいろいろなことを教えてくれただけでなく、生活をさらに便利にしてくれて非常に役立っています。

11 正　解 [C]

選択肢
A 陈正之从小很聪明
B 陈正之只读专业书
C 陈正之读书很刻苦
D 陈正之是位博士生

和　訳
A 陳正之は小さいころから利口だった
B 陳正之は専門書しか読まなかった
C 陳正之は骨身を惜しまず勉強した
D 陳正之は博士課程の学生だ

放送内容 从前福州有一个叫陈正之的人，反应十分迟钝，读书的时候，每次只能读五十个字，一篇小文章也要读一二百遍才能读熟。于是，别人读一遍书，他就读三遍，而且无书不读。天长日久，随着知识与日俱增，他终于成为一个博学之士。

和訳 昔、福州に陳正之という人がいて、とても頭が鈍かったのです。本を読む時も、一度に50字しか読めなくて、短い文章でも100回も200回も読まないと意味が分かりませんでした。そこで、他人が1回読む本を3回読みことに決め、しかもあらゆる本を読みました。こうして長い年月を経て知識が増え、彼はついに博学の士になりました。

12 正　解 [A]

選択肢
A 适量食醋有益于健康
B 天津人爱买山西陈醋
C 天津人有病不去医院
D 三大名醋是天津特产

和　訳
A 適量の酢を摂取すると健康によい
B 天津人は山西の陳酢をよく買う
C 天津人は病気になっても病院へ行かない
D 三大名酢は天津の特産である

放送内容 俗话说：家有二两醋，不用请大夫。可见适量食醋有利健康。天津人爱吃醋，吃饺子用醋，做鱼也用醋。天津人家家必备的独流老醋，跟山西陈醋、镇江香醋并称为驰誉中国的三大名醋。

和訳 「家に2両の酢があれば、医者はいらない」という諺があるように、適量の酢を摂取すると健康によいようです。天津人は酢を好み、餃子にも、魚料理にも酢を使います。天津人は家ごとに独特の「老酢」があり、山西の陳酢、鎮江の香酢と並んで中国三大名酢に数えられています。

13 正　解［D］

選択肢 A　司马迁从小就爱好旅游
B　司马迁最喜欢游览长江
C　司马迁没到过黄河一带
D　司马迁是《史记》的作者

和　訳 A　司馬遷は子供のころから旅行が好きだった
B　司馬遷は長江を旅するのが一番好きだった
C　司馬遷は黄河一帯には足を延ばさなかった
D　司馬遷は『史記』の作者だ

放送内容　司马迁从二十岁起就开始漫游生活，足迹遍及黄河、长江流域，收集了大量的社会素材和历史素材，为《史记》的创作奠定了基础。

和訳　司馬遷は20歳の時から放浪生活を始め、黄河や長江流域にも足を延ばし、大量の現地情報と歴史資料を集めて、『史記』を書くための土台としました。

14 正　解［B］

選択肢 A　做鱼都应刮鱼鳞
B　带鱼银鳞有营养
C　做带鱼时要刮鳞
D　吃带鱼没有营养

和　訳 A　魚を料理する時は何でも鱗を落とすべきだ
B　太刀魚の銀色の鱗には栄養がある
C　太刀魚を料理する時は鱗を落とす必要がある
D　太刀魚は食べても栄養がない

放送内容　杀鱼刮鳞，似乎是一个约定俗成的做法。很多人在做带鱼的时候，也会把表面的银鳞刮去。其实，这样可能会丢掉宝贵的营养。

和訳　魚を締めて鱗を取るのは既に定着しているやり方らしい。多くの人が太刀魚を料理する時も表面の銀の鱗までそぎ落としてしまいます。しかし実は、こうすると貴重な栄養分までそぎ落としてしまう可能性があります。

15 正　解［D］

選択肢 A　要让母亲给我们拥抱
B　母亲不希望收到礼物
C　送母亲的礼物应贵重
D　五月里有一个母亲节

和　訳 A　母親に抱きしめてもらうのがよい
B　母親はプレゼントをほしがっていない
C　母親にあげるプレゼントは高いものにすべきだ
D　5月には母の日がある

放送内容　5月有个母亲节。从来都是母亲挂念着我们，温暖着我们，在这个5月里，让我们学会感恩，送出温暖，给母亲一个拥抱，对母亲说声“我爱你”。最好给母亲挑选一份礼物，可以不贵重，但要很实用，相信母亲会喜欢的。

和訳　5月には母の日があります。ずっと私たちを気づかってくれ、暖かい愛をくれたお母さん。この5月はお母さんに感謝して、暖かいプレゼントを贈りましょう。お母さんを抱きしめ、「大好きだよ」と言ってあげましょう。お母さんにプレゼントをあげるのがよいでしょう。高くなくても、実用的なものにしましょう。きっとお母さんは気に入ってくれるでしょう。

第3回	第二部分	問題 P.96	0302.mp3

放送内容 **第二部分**
第16到30题：请选出正确答案。现在开始第16到20题：

和訳 **第2部分**
問16～問30：正しい答えを選んでください。ただ今から問16～問20を始めます。

問題用紙 **第16-30题：请选出正确答案。**

和訳 **問16～問30：正しい答えを選んでください。**

放送内容 第16到20题是根据下面一段采访：
男：你原来是个排球运动员，后来却做了演员。当初为什么会转行呢？
女：我从小没梦想过当演员。从沈阳体育学院毕业后，在我家乡齐齐哈尔，一个偶然的机会，我客串了一部电视剧，感觉挺好。于是哥哥姐姐都鼓励我考北京电影学院，结果我考上了。上大一时，姜文拍《鬼子来了》，在全北京选演员，我特别有福气，被选中了。能有机会拍一部好戏、过瘾的戏，我特别开心。通过拍戏我得到了不一般的锻炼，所以我一辈子都很感激姜文。
男：我听说你在拍《钢铁年代》时，出手太重，打疼了陈宝国，因为你忘了自己曾是打排球的。打排球是你的老本行，现在有空儿还打吗？
女：我心里对陈宝国特别抱歉，相信他不会往心里去吧！排球现在是不打了，但我对排球的感情是根深蒂固的。我家的沙发上、卧室里，随处可见从国外买来的彩色排球。闲时我总把球托在手里把玩，而且技术特别好，球不离手，不会掉在地上。
男：现在演艺圈，经常搞庆典，走红地毯什么的，很少看到你的身影，你总这么低调吗？
女：还是低调点儿好。一般的庆典，我能推就推了，除非有意义的公益活动。昨晚我参加了杨澜主持的一场慈善晚会。我的性格比较好静，让我发言或接受采访我就犯晕。
男：不拍戏的时候，你都做什么？
女：不拍戏时，每天也过得挺充实。我买了大量影碟，整天把自己关在屋里看影碟，观察、分析其他演员的表演。我认为这也是一种艺术积累，会下意识地吸收过来，在自己以后的影视作品中释放出去。我是一个不愿出门的人，喜欢一个人静静地待在家里，已经习惯了，也不想改了。

和訳 問16～問20までは以下のインタビューから出題されます。
男：もともとバレーボール選手だったのが、その後女優になられたんですね。どうして道を変えたのですか？
女：子供のころから女優になりたいと思っていたわけではありません。瀋陽体育学院を卒業後、故郷のチチハルで、偶然端役としてテレビドラマに出演して、とてもおもしろかったんです。そこで、兄や姉に北京電影学院を受験するように勧められ、合格しました。大学1年の時、姜文監督が『鬼が来た』の撮影のために北京中の俳優をオーディションして、私は運良く合格しました。いい作品、打ち込める作品に出る機会があって、とてもうれしかったです。撮影で私はものすごく鍛えられました。ですから、姜文監督に一生の感謝をしています。
男：『鋼鉄年代』を撮っている時は、以前バレーボールをされていたことを忘れて、陳宝国さんをひどく叩かれたそうですね。バレーボールは以前の本業でしたが、今でも暇な時はされていますか？
女：陳宝国さんにはとても申し訳なく思っています。でも彼はそれほど気にしていないと思います！　バレーボールは今はしなくなりましたが、やはりとても好きです。家のソファーや、寝室などあちこちに、外国から買ってきたカラーのボールがあるんです。暇な時は手でボールを持って遊びますが、ボールが手から離れて床に落ちないぐらい上手なんですよ。

男：今の芸能界の祝典やレッドカーペットで、お姿をお見かけすることは少ないのですが、どうしてそんなにいつも露出を抑えていらっしゃるんですか？

女：目立ちすぎない方がいいんですよ。祝典は、たいていできるだけお断りしています。有意義なチャリティーじゃない限りね。昨夜、楊瀾さんがメーンキャスターを務めるチャリティーショーに出席しました。私は静かなのが好きなので、発言を求められたりインタビューされたりすると、頭がくらくらしてしまいます。

男：撮影がない時は、何をしていますか？

女：撮影がなくても、毎日とても充実しています。映画のDVDをたくさん買って、１日部屋に閉じこもって見て、ほかの俳優の演技を観察したり分析したりするんです。これも一種の芸の肥やしになると思いますし、意識の中に取り込んでおけば、これからの作品で生かすこともできるでしょう。私は外に出るより、静かにうちの中にいるのが好きなんです。もう慣れていますし、変えようとも思いません。

16 正解［D］

選択肢 A 当演员是从小的梦想
B 考上了北京电影学院
C 遇到了著名导演姜文
D 偶然客串了一部电视剧

和　訳 A 女優になるのは子供のころからの夢だった
B 北京電影学院に合格したこと
C 有名な姜文監督と出会ったこと
D 偶然、テレビドラマに端役で出たこと

放送内容　女的由排球运动员转为演员，起因是什么?

和訳　**女性がバレーボール選手から女優になったきっかけは何ですか？**

17 正　解 [C]

選択肢 A 当排球运动员时
B 回到家乡的时候
C 上大学一年级时
D 做专业演员以后

和　訳 A バレーボール選手の時
B 故郷へ帰ってから
C 大学1年の時
D プロの女優になってから

放送内容 女的什么时候拍的《鬼子来了》这部戏?

和訳 **女性はいつ、映画『鬼が来た』に出演したのですか？**

18 正　解 [A]

選択肢 A 跟排球有很深的感情
B 排球可做拍戏的道具
C 因排球的色彩很鲜艳
D 用排球锻炼手的力量

和　訳 A バレーボールが好きだから
B バレーボールは撮影の道具になるから
C ボールの色がきれいだから
D バレーボールで手の力を鍛えているから

放送内容 女的现在已不打排球了，为什么家里还到处放着排球?

和訳 **女性は今、バレーボールをしなくなりましたが、どうして家のあちこちにボールを置いているのですか？**

19 正　解 [A]

選択肢
A 两部
B 三部
C 四部
D 五部

和　訳
A 2本
B 3本
C 4本
D 5本

放送内容 录音中提到了女的参与演出的几部作品?

和訳 **放送中で女性が携わったと述べている作品はいくつありますか？**

20 正　解 [B]

選択肢
A 完成导演的作业
B 进行艺术的积累
C 打发空闲的时间
D 准备写评论文章

和　訳
A 監督の仕事を完成させるため
B 芸の肥やしになるから
C 暇つぶしになるから
D 評論を書くための準備

放送内容 女的为什么要看大量的影碟?

和訳 **女性はどうしてDVDをたくさん見るのですか？**

放送内容 第21到25题是根据下面一段采访：

男：都说“一家人教不了一家人”，你妈妈是怎么把你培养成这么优秀的歌唱演员的呢？

女：其实，我小时候非常贪玩儿，但别的孩子写完作业就可以出去玩儿了，可我还得练唱歌、练钢琴。

男：现在回想起当时跟妈妈学歌的情景，感觉怎么样？

女：我非常感谢妈妈的严格要求。有一次我跟妈妈开玩笑说：“您那时候为什么没有再狠点儿心，让我再练练舞蹈？”我爸爸是一位芭蕾舞演员，我就没有继承爸爸这方面的优良基因。在音乐剧《在那遥远的地方》和《木兰诗篇》中，剧情需要我表演藏族舞蹈和剑舞，我觉得在这方面比较吃力。

男：听说你是因为救场而出名的，那是怎么回事？

女：一次晚会，预定的一名演员要唱羊鸣老师创作的《唐古拉》，可那位歌手因故不能到场，有人就推荐我来救场。那首歌高音非常高，我唱时没有感到费劲。没想到大家对我的演唱评价那么高。

男：你学的是民族音乐，怎么以通俗歌手的身份进了总政歌舞团？这不是“跨界”吗？

女：跟妈妈学歌的时候，我的流行歌曲已经唱得不错了，参加市里的比赛都会拿个一等奖什么的。进入中国音乐学院后，一次学校组织联欢会，同专业的同学都选唱民歌，我就想出个不一样的节目，唱了一首流行歌曲，没想到效果非常好，这使我信心大增。2000年中央电视台举办的第九届青年歌手电视大奖赛，我获得了专业组通俗唱法金奖。在我看来，唱歌最重要的不是拿什么腔调，而是投入自己的情感。

男：你已经成名了，听说你还有更高的目标？

女：有那么多人听我唱歌，我已经很幸福了。不过有句话叫“活到老，学到老”，我还年轻，需要学习各种知识。我现在在北京外国语大学攻读博士研究生。我最崇拜梅兰芳先生，他把中国的艺术传播到了国外。我希望能通过自己的努力，让越来越多的人了解中国的民族音乐。

和訳 問21～問25までは以下のインタビューから出題されます。

男：「家族同士で教えるのはうまくいかない」と言われますが、お母さんはどうやってあなたをそんなにすばらしい歌手にしたのですか？

女：実は、私は子供のころとても遊ぶのが好きで、ほかの子は宿題が終わったら遊びに行ってもよかったのですが、私はさらに歌や、ピアノの練習もしなければならなかったんです。

男：お母さんに歌を教わったことは今思い出せば、どうですか？

女：厳しかった母の要求にとても感謝しています。一度、冗談で「どうしてあの時、もっと厳しくダンスの練習もさせなかったの？」と言ったこともあります。父はバレエダンサーなのですが、私は父からの血は受け継いでいません。ミュージカル『はるか彼方で』と『ムーランの詩』で、チベット族の踊りと剣の舞をやることになった時、とても大変だと思いました。

男：ピンチヒッターで有名になったとお聞きしましたが、それはどういうことだったんですか？

女：あるショーで、羊鳴さんの作品『タングラ』を歌う予定だった方が、会場に来られなくなってしまい、私をピンチヒッターに推薦してくれた方がいらっしゃったんです。その歌は音域がとても高かったのですが、私は大変だと感じませんでした。皆さんからあんなに高い評価をいただくとは思ってもみませんでしたが。

男：民族音楽を勉強されたそうですが、どうして流行歌手として解放軍総政歌舞団に入ったんですか？「畑違い」だったのでは？

女：母に歌を教わっていた時、流行歌は上手に歌えていると思ったんです。市のコンテストで1等をとったりしていましたし。中国音楽学院に入って、学校でコンパが行われた時、同じ専攻の学生はみんな民謡を歌っていたので、私は違うものをと思って、流行歌を歌ったんです。それが思わず成功したので、とても自信がつきました。2000年に、中央テレビで行われた第9回青年歌手テレビ大賞で、私はプロチームの流行歌歌唱法金賞をいただきました。歌うときに一番大切なのはどのジャンルかではなく、自分の気持ちを込められるかどうかだと思います。

男：すっかり有名になられましたが、さらに上の目標がおありとか？

女：これほどたくさんの方に歌を聞いていただいて、もう十分幸せですよ。けれど、「死ぬまで勉強し続ける」と言うでしょう？　私はまだ若いので、たくさんの知識をつけなければならないと思って、今は北京外国語大学の博士課程に在籍しています。私は中国の芸術を国外に伝えた梅蘭芳先生に最も憧れています。もっと多くの人に中国の民族音楽を知ってほしいので、努力していきます。

21　正　解［B］

選択肢

A　拍电影
B　演音乐剧
C　演电视剧
D　跳芭蕾舞

和　訳

A　映画に出る
B　ミュージカルに出る
C　テレビドラマに出る
D　バレエを踊る

放送内容　女的除了唱歌外，还做什么?

和訳　**女性は歌以外に、何をしていますか？**

22 正　解 [B]

選択肢　A《黄河颂》
B《唐古拉》
C《木兰诗篇》
D《在那遥远的地方》

和　訳　A『黄河頌』
B『タングラ』
C『ムーランの詩』
D『はるか彼方で』

放送内容 女的因为唱哪首歌而出了名?

和訳 女性が歌って有名になったのはどの歌ですか？

23 正　解 [C]

選択肢　A 美声唱法
B 民族唱法
C 通俗唱法
D 原生态唱法

和　訳　A 美声歌唱法
B 民族歌唱法
C 流行歌唱法
D 原生態歌唱法

放送内容 在中央电视台举办的青年歌手大奖赛中，女的获得了哪种唱法的金奖?

和訳 中央テレビが行った青年歌手大賞で、女性はどのジャンルで金賞をもらいましたか？

24 正解 [D]

選択肢 A 跟妈妈学的是民族唱法
B 唱通俗歌曲为了找工作
C 民族唱法在市里获过奖
D 投入自己的情感最重要

和訳 A 母親に習ったのは民族歌唱法だった
B 流行歌を歌ったのは仕事を探すためだった
C 民族歌唱法で市のコンテストで賞をとったことがあった
D 自分の気持ちを込めて歌うことが一番大切だ

放送内容 女的对自己的“跨界”怎么看?

和訳 女性は自分が畑違いの分野にいることについて、どう思っていますか？

25 正解 [D]

選択肢 A 爸爸
B 妈妈
C 羊鸣
D 梅兰芳

和訳 A 父親
B 母親
C 羊鳴
D 梅蘭芳

放送内容 女的最崇拜的人是谁?

和訳 女性が最も憧れているのは誰ですか？

放送内容 第26到30题是根据下面一段采访：

女：张大夫，您认为睡眠的质量跟床和枕头有关吗？

男：关系很密切。床铺的硬度要适中：过硬，身体会感到不舒服，经常翻身，难以安睡；过软，容易使脊柱变形、弯曲，睡醒后会很累。另外，床铺最好南北放，睡时头朝北、脚朝南，这样不容易受地磁的干扰。枕头高度以睡者的一肩高为宜。枕头要经常翻晒，避免细菌进入口鼻。

女：您认为什么样的睡眠姿势能提高睡眠质量呢？

男：因人而异。有心脏病的人，最好右侧卧，以免使心脏受压增加发病率；因患高血压而头疼的人，应适当垫高枕头；患呼吸系统疾病的人，要经常改变睡眠方向，这样有利于痰液的排出；胃部胀满或患有肝胆疾病的人，以右侧卧睡眠较好；四肢有疼痛的人，睡时应尽量避免压迫疼痛处。总之，选择舒适、有利于病情的睡姿，可以提高睡眠质量。

女：张大夫，您说人一天应睡多长时间比较好？

男：一般应维持在七到八个小时，但不强求，因为人和人是有差异的。有的人入睡快，睡眠深，而且不做梦或少做梦，这类人睡上六个小时就完全可以恢复精力。有的人入睡慢，睡得浅，常做噩梦，即使睡上十个小时，也觉得没睡醒，这类人需要通过治疗获得有效睡眠。只是单纯地延长睡眠时间，对身体并没有什么好处。还有，由于每个人有不同的生理节奏，有的是“夜猫子”，有的是“百灵鸟”，顺应不同的生理节奏，有利于提高工作效率和生活质量，反之，则对身体不利。

女：在睡眠环境上应注意什么呢？

男：卧室的温度保持在18到22度时，人比较容易入睡。墙壁的颜色应以浅色为主，绿色、红色等凝重的色彩容易让人兴奋，对于焦虑型失眠者更是大忌。抑郁型失眠者应避开蓝色和灰色这种让人消沉的黯淡颜色。卧室的窗帘应选用厚实的面料，这样可以遮光隔音。如果室外的噪音长期影响睡眠，建议最好换个居住环境。

和訳 問26～問30までは以下のインタビューから出題されます。

女：張先生、睡眠の質とベッドや枕は関係あると思いますか？

男：とても深い関係があります。ベッドの硬さはちょうどよくなければなりません。硬すぎると、体が落ち着かなくて絶えず寝返りを打ち、よく眠れません。軟らかすぎると、背骨が変形したり曲がったりしやすく、目が覚めた後とても疲れます。それから、ベッドは南北に置くのがよく、寝る時は頭を北に、足を南に向けると、地球の磁場に影響されにくくなるんです。枕の高さは肩の高さがよいです。枕はよく干して、細菌が口や鼻に入らないようにしましょう。

女：どんな睡眠の姿勢が睡眠の質を上げるんですか？

男：人によって違います。心臓病の人は、右を下にして寝るとよいでしょう。心臓に圧力がかかると発病率を高めてしまいます。高血圧で頭が痛い人は、枕を高めにするとよいでしょう。呼吸系の病気の人は、寝る向きをよく変えると、痰を吐き出しやすくなります。胃の張りや肝臓や胆嚢の病気の人は、右を下にして寝るとよいです。手足が痛む人は、寝る時はなるべく痛いところを圧迫しないようにしましょう。つまり、気持ちよく眠れて、病気の状態に合った姿勢で眠ることは、睡眠の質を高めるということです。

女：張先生、人は1日何時間寝るのがいいのですか？

男：大体7～8時間がよいのですが、これはそれほど大切ではありません。人によって違いますから。すぐに寝入って、眠りが深く、ほとんど夢も見ないという人がいますが、こういう人は6時間も寝れば元気を回復するでしょう。寝入りが遅く、眠りも浅く、よく悪い夢を見て、10時間寝てもまだすっきりしないという人は、よく眠れるようになる治療が必要です。ただ睡眠時間を延ばすだけでは、体に何もいいことがありません。それから、人によって生理リズムが違い、「フクロウ型」の人も「ヒバリ型」の人もいますから、それぞれの生活リズムに合っていれば仕事の効率や生活の質を高めるのに役に立ちますが、そうでなければかえって体に悪いです。

女：眠る環境については何に注意すべきですか？

男：寝室の温度を18から22度に保つと、眠りに就きやすくなります。壁の色は淡い色をメインにするのがよく、緑や赤など濃い色は興奮しやすくなり、イライラからくる不眠には特によくありません。憂鬱から来る不眠には青や灰色など消沈するような暗くてぼんやりした色は避けた方がよいです。寝室の窓カーテンは厚くてしっかりした素材を選びましょう。遮光や防音の効果があります。室外の騒音が長期にわたって睡眠に影響する場合は、住む所を変えた方がいいでしょう。

26 正解 [B]

選択肢 A 脊柱不容易变形
B 避免地磁的干扰
C 脚可被太阳照射
D 防止细菌吸入口中

和訳 A 背骨が変形しにくい
B 地球の磁場の影響を受けにくい
C 足に太陽の光が当たる
D 細菌が口の中に入ることを防げる

放送内容 睡觉时头朝北、脚朝南有什么好处?

和訳 寝る時に頭を北に、足を南に向けることはどんなメリットがありますか？

27 正解 [A]

選択肢 A 右侧卧
B 左侧卧
C 常翻身
D 垫高枕头

和訳 A 右を下にして寝る
B 左を下にして寝る
C よく寝返りを打つ
D 枕を高めにする

放送内容 有肝胆疾病的人，采取什么样的睡姿比较好?

和訳 肝臓や胆嚢の病気がある人は、どんな姿勢で寝るのがよいですか？

28 正　解［D］

選択肢
A　睡的床铺不同
B　睡眠长短不同
C　所患疾病不同
D　生理节奏不同

和　訳
A　眠るベッドが違うから
B　睡眠時間の長さが違うから
C　病気が違うから
D　生理リズムが違うから

放送内容　为什么有的人是“夜猫子”，有的人是“百灵鸟”？

和訳　どうして「フクロウ型」の人と、「ヒバリ型」の人がいるのですか？

29 正　解［B］

選択肢
A　抑郁型失眠者
B　焦虑型失眠者
C　能很快入睡者
D　可深度睡眠者

和　訳
A　憂鬱による不眠の人
B　イライラによる不眠の人
C　すぐに寝入る人
D　眠りが深い人

放送内容　什么人的卧室墙壁不适合涂成红色等凝重色彩?

和訳　特に寝室の壁を赤などの濃い色に塗らない方がいいのはどんな人ですか？

30 正　解［C］

選択肢　A　床铺的软硬
B　噪音的大小
C　电磁的强弱
D　枕头的高低

和　訳　A　ベッドの硬さ
B　騒音の大きさ
C　電磁波の強弱
D　枕の高さ

放送内容　根据这段对话，下列哪项跟睡眠质量无关?

和訳　**この会話から、睡眠の質と関係がないのは以下のどれですか？**

第3回	第三部分	問題 P.98	0303.mp3

放送内容
第三部分
第31到50题，请选出正确答案。现在开始第31到33题：

和訳
第3部分
問31 ～問50：正しい答えを選んでください。ただ今から問31 ～ 33を始めます。

問題用紙
第31-50题：请选出正确答案。

和訳
問31 ～問50：正しい答えを選んでください。

放送内容 第31到33题是根据下面一段话：
古时候有一个农民正在地里干活儿，突然看到一只兔子飞跑过来，撞在露出地面的树根上，碰断了脖子，死了。那个农民捡起这只兔子，高兴地拿到市场上卖了钱。
“在地里干活儿多累呀，不如坐在这里等着捡兔子。哪怕一天只捡一只，卖的钱也够我的吃喝了！”那个农民想得很美。
于是，他不耕田了，整天坐在那棵树根旁边，等着兔子跑过来撞死。就这样，他一直等了好多天，却再也没有捡着兔子。
由于没人干活儿，田里只有草，什么庄稼也没长出来，那个农民只好挨饿了。
这个故事告诉我们，不靠自己勤勤恳恳的劳动，抱着侥幸心理，想靠碰好运过日子，只能是空想。

和訳 問31～問33までは以下の話から出題されます。
昔、ある農民が野良仕事をしていると、突然ウサギが1羽飛び出してきて、地面にむき出しになっている木の根にぶつかり、首を折って死んでしまいました。農民はウサギを拾って、うきうきと市場へ持って行って銭を得ました。
「野良仕事なんて疲れるし、ここに座ってウサギを待っている方がいいや。1日1羽しか捕れなくても、飲み食いする金にはならあ！」と農民は都合のいいことを考えました。
それから農民は、畑を耕さなくなり、1日木のそばに座って、ウサギがぶつかってくるのを待っていました。こうして、何日も待っていたのですが、ウサギが捕れることは2度とありませんでした。
耕す人がいないので、畑は草だらけになって、作物は何も採れなくなり、農民は腹を減らすことになりました。
この物語は私たちに、自分がまじめに働かないで、棚からぼた餅的に、運に頼って生活することのむなしさを教えてくれます。

31 正解［C］

選択肢 A 一只兔子飞跑过去了
B 一棵树从根部折断了
C 兔子在树根上撞死了
D 看到了一只白色兔子

和訳 A 一羽のウサギが跳ねていった
B 木が根元から折れた
C ウサギが木の根にぶつかって死んだ
D 白いウサギを見かけた

放送内容 那个农民在地里干活儿时，遇到了什么事情?

和訳 農民が野良仕事をしている時、どんなことがありましたか？

32 正　解［B］

選択肢
A 每天都要买酒喝
B 坐等兔子撞树根
C 关心兔子的价钱
D 每天都能捡到兔子

和　訳
A 毎日酒を買って飲むようになった
B 座ってウサギが木の根にぶつかるのを待つようになった
C ウサギの値段を気にするようになった
D 毎日ウサギを拾えるようになった

放送内容 后来，这个农民发生了什么变化?

和訳 その後、農民はどうなりましたか？

33 正　解［C］

選択肢
A 过好日子要碰好运气
B 种庄稼不如饲养兔子
C 过好日子靠辛勤劳动
D 每天捡只兔子够吃喝

和　訳
A 生活は運次第である
B 畑を作るよりウサギを飼った方がよい
C 生活はまじめに働かないとよくならない
D 毎日ウサギを拾えると飲み食いはできる

放送内容 这个故事告诉我们什么道理?

和訳 この物語は私たちにどんなことを教えてくれますか？

放送内容 第34到36题是根据下面一段话：
今年“五一”小长假期间，我与朋友在街上散步，无意间走进一个小店，见到许多工艺品、装饰品以及雕成各种形态的木制小挂件。我一眼看上了一个小挂件，心想，如果挂在脖子上一定很有情趣。可惜我们俩都忘了带钱，只好空手离开小店。从那以后，我常常想起那个小挂件，却不记得小店在哪儿了。这个周末，我花了半天的时间，终于找到了那个小店。当我把那个挂件挂在脖子上，一边欣赏，一边问价钱时，店主说：“优惠点儿，150元拿走。”我听后便轻轻地摘下了那个小挂件，带着遗憾，头也不回地走出了小店。

和訳 問34 ～問36までは以下の話から出題されます。
今年の5月の連休中、友人と町を散歩していて、何気なく小さな店に入りました。たくさんの工芸品やアクセサリーやいろいろな形の木でできたペンダントトップがあって、あるペンダントトップを私は一目で気に入りました。首にかけたら、きっと素敵だろう。しかし私たちはお金を持っていなかったので、仕方なく手ぶらでその店を出ました。それからというもの、私はしょっちゅうあのペンダントトップを思い出していたのですが、店がどこにあったかよく覚えていませんでした。この週末に、半日かけてついにその店を探し出しました。ペンダントトップを首にかけてみて、値段を聞いてみたら、店主は「まけときますよ。150元」と言いました。私はそれを聞いてそっとペンダントトップを外し、がっかりしながら振り返りもせずにその店を出ました。

34 正解［C］

選択肢 A 太贵了
B 没问价
C 没带钱
D 不让挑

和訳 A 高すぎたから
B 値段を聞かなかったから
C お金を持っていなかったから
D 選ばせてくれなかったから

放送内容 说话人第一次见到那个小挂件时，为什么没买？

和訳 **話し手は最初にそのペンダントトップを見た時、どうして買わなかったのですか？**

35 正解 [D]

選択肢
A 喜欢小店的艺术氛围
B 想记住小店所在位置
C 去欣赏小店的工艺品
D 很想买到那个小挂件

和訳
A 店の芸術的な雰囲気が気に入ったから
B 店の位置を覚えておきたかったから
C 店の工芸品をまた見たかったから
D そのペンダントトップを買いたかったから

放送内容 说话人为什么周末花半天时间去找那个小店?

和訳 話し手はどうして週末に半日もかけて、その店を探し出したのですか？

36 正解 [A]

選択肢
A 嫌太贵
B 质量差
C 不漂亮
D 没情趣

和訳
A 高すぎたから
B 品質がよくなかったから
C きれいじゃなかったから
D 趣味じゃなかったから

放送内容 说话人最后为什么没买那个小挂件?

和訳 話し手は結局どうしてそのペンダントトップを買わなかったのですか？

放送内容 第37到39题是根据下面一段话：
凡有家庭装修经历的人，他们的感受恐怕都很难用“轻松”二字来形容。究其原因，当然和“没有经验”、“没有专业知识”、“装修公司管理混乱”等因素有关。除此之外，不少人还有一种误解，就是除了付钱，其他的事情都应该由装修公司负责。其实不然，家庭装修是个性化很强的服务行业，设计师、施工队所做的工作只有一个目的，那就是满足某个特定家庭的需要。所以，家庭装修没有规律，每一家都是“唯一”。要想满意，就需要家庭成员与装修公司有一个良好的沟通。

和訳 問37～問39までは以下の話から出題されます。
家の内装工事をしたことがある人は、「簡単」という2文字の感想を持つことはほとんどないでしょう。原因としては、もちろん「経験がない」「専門知識がない」「内装会社の管理がきちんとしていない」などもあるでしょうが、これ以外にも、多くの人が「費用を払う以外のことは内装会社がみんなやってくれる」と誤解しているせいもあります。実は、家の内装は客に合わせなければならない部分が多いサービス業なのです。デザイナーも工事作業員も仕事の目的はただ1つ、その家庭の需要を満たすということしかありません。ですので、家の内装には決まりもなく、どこの家もみな「唯一」なのです。もし満足する結果にしたければ、その家族の人は内装会社と良好なコミュニケーションをとっておくべきです。

37 正解 [A]

選択肢 A 不轻松
B 很轻松
C 很害怕
D 很高兴

和訳 A 簡単ではない
B 簡単だ
C 恐ろしい
D うれしい

放送内容 经历过家庭装修的人有什么共同感受?

和訳 **家の内装をした人はどんな感想を持っていますか？**

38 正　解 [C]

選択肢
A 要装修的人没经验
B 装修公司管理混乱
C 要装修的人不付钱
D 要装修的人缺专业知识

和　訳
A 内装する客に経験がないこと
B 内装会社の管理がきちんとしていないこと
C 内装する客が費用を払わないこと
D 内装する客に専門的知識がないこと

放送内容 根据这段话，影响装修感受的因素不包括下列哪项？

和訳 この話から内装の感想に影響を与えうる要素ではないのはどれですか？

39 正　解 [B]

選択肢
A 多给装修公司一些钱
B 多跟装修公司进行沟通
C 多跟装修公司讨价还价
D 从几个装修公司中选择

和　訳
A 内装会社に費用を多く払う
B 内装会社とよくコミュニケーションをとる
C 内装会社とよく価格の交渉をする
D 何軒もの内装会社から選ぶ

放送内容 根据这段话，怎么才能得到一个满意的装修效果？

和訳 この話によると、どうすれば内装で満足できる結果が得られますか？

放送内容 第40到42题是根据下面一段话：
龙湖公司在每年的职工联欢会上都要抽出一位幸运员工，由吴总经理向其赠送礼物。有一年，吴总经理从外地出差回来，就直接到了联欢会现场，到了抽奖的时候，才想起没有给员工准备礼物。她看到幸运员工是位女物业管理员，于是毫不犹豫地摘下自己脖子上的项链，送给那位员工。面对如此贵重的礼物，那位员工不肯接受。吴总经理说："你一定要收下，咱们公司规定的是我当场向幸运员工赠送礼物，如果现在你不接受，那等于我不守诚信。"那位员工依然不肯接受。这时，在一旁的副总经理说："吴总，这样吧，你现在说出来要送一份什么礼物给她，会后补上就可以了。"吴总摆摆手说："不可以，如果那样兑现承诺，诚信就打折了。说当场赠送礼物就当场送。这项链是值钱，但远没有诚信贵重。"

和訳 問40～問42までは以下の話から出題されます。
龍湖社は毎年社員パーティーで幸運な社員を選び、呉社長がプレゼントをあげることになっていました。ある年、呉社長は出張から戻ってきて、直接社員パーティーの会場へ到着しました。抽選の時になって、プレゼントを準備していないことに気がつきました。幸運な社員は用務員の女性でしたので、社長は迷わず自分の首にかかっていたネックレスを外し、彼女に渡しました。高いものだったので、用務員の女性は受け取ろうとしませんでした。呉社長は「どうぞ受け取ってください。うちの会社では、私は社員にその場でプレゼントを贈ることになっているのよ。もしここで受け取ってもらえなかったら、私は不誠実な人になってしまうわ」と言ったのですが、女性はやはり受け取りませんでした。その時、隣にいた副社長は「呉社長、今は言うだけで、後からあげたらいいでしょう」と言いました。呉社長は手を振って「ダメですよ。そんな付け払いをしては、信頼の価値も下がってしまう。その場でプレゼントをすると言ったらそうしなきゃ。このネックレスは高いけれど、誠実と信用にはそれ以上の価値があるんですよ」と言いました。

40 正解 [B]

選択肢
A 显得隆重
B 没备礼物
C 表示亲切
D 当场作秀

和訳
A 盛大に見せたかったから
B プレゼントを用意していなかったから
C 親しみを表すため
D その場でよい人だと演じるため

放送内容 吴总为什么把自己的项链赠送给那位幸运员工？

和訳 呉社長はどうして自分のネックレスをその幸運な社員に渡したのですか？

41 正 解 [C]

選択肢 A 不喜欢
B 嫌太旧
C 太贵重
D 不值钱

和 訳 A 気に入らなかったから
B 古いものだったから
C 高いものだったから
D 安いものだったから

放送内容 那位幸运员工为什么不肯接受吴总的礼物?

和訳 その幸運な社員はどうして呉社長のプレゼントを受け取らなかったのですか?

42 正 解 [A]

選択肢 A 诚信是最贵重的
B 领导要关心员工
C 员工要敬重领导
D 礼物不必太贵重

和 訳 A 誠実と信用は何より価値があるものだ
B 社長は社員のことを気に掛けるべきだ
C 社員は社長を敬うべきだ
D プレゼントは高いものでなくてよい

放送内容 这段话主要想告诉我们什么?

和訳 この話は何を言おうとしているものですか?

放送内容 第43到46题是根据下面一段话：
关于压岁钱，有一个传说。古时候有一个妖怪，名字叫“祟”，它在每年的年三十晚上出来，专用手摸熟睡的孩子，孩子被吓哭了，接着就会发烧，退烧后，聪明的孩子就会变成傻子。人们怕祟来害孩子，就点着灯坐着不睡，叫做“守祟”。
一对夫妻老年得子，把他看成掌上明珠，特别疼爱。到了年三十晚上，他们怕祟来害孩子，就跟孩子玩儿。他们用红纸包了八枚铜钱，让孩子拆开包上，包上又拆开，一直玩儿到睡下。夫妇把包着铜钱的红包放在孩子枕边，挨着孩子守祟。半夜，一阵风吹开了门，吹灭了灯。祟进了屋，正要用手摸孩子的头时，孩子枕边闪出一道亮光，祟急忙缩回手，尖叫着逃跑了。这对夫妇把用红纸包八枚铜钱吓退祟的事告诉了大家，大家也都跟着学。祟后来就再也不敢来害小孩儿了。

和訳 問43～問46までは以下の話から出題されます。
お年玉について、こんな言い伝えがあります。昔、「祟」という名前の妖怪がいました。毎年大晦日の晩になると現れて、ぐっすり眠っている子供を手でなでました。子供は驚いて泣き、それから熱を出して、熱が下がると賢い子でもばかになってしまいます。人々は祟に子供がやられないように、明かりをつけたまま座って寝ずの番をし、これを「守祟（祟の番）」と言いました。
ある夫婦に年を取ってから子供が生まれ、その子を掌中の玉のようにとても可愛がっていました。大晦日の夜、夫婦は祟にやられないようにと、子供と遊んでやりました。赤い紙で八枚の銅銭を包み、子供にそれを開けさせてはまた包み、開けさせては包みと眠りに就くまでやりました。夫婦は銅銭を包んでいた赤い紙を子供の枕元に置いて、子供の傍に祟が近づかないように守ることにしました。夜中になって、風で戸が開き、明かりが消えて、祟が入ってきました。手で子供の頭をなでようとした時、子供の枕元に光が走って、祟はびっくりして手を引っ込め、叫びながら逃げていきました。夫婦は赤い紙で八枚の銅銭を包んだら祟が驚いて逃げていった話をみんなにして、みんなもそれを真似るようになりました。祟は二度と子供に悪さをしに来ることはありませんでした。

43 正解［D］

選択肢
A 有关守岁的传说
B 有关过年的传说
C 有关除妖的传说
D 有关压岁钱的传说

和訳
A 大晦日の寝ずの番
B 年越し
C 妖怪退治
D お年玉

放送内容 这段话是关于什么的传说？

和訳 これは何に関する言い伝えですか？

44 正　解［B］

選択肢　A　孩子再也睡不着觉　　B　聪明孩子变成傻子
　　　　C　傻子变成聪明孩子　　D　孩子只会坐着睡觉

和　訳　A　眠れなくなる
　　　　B　賢い子供もばかになってしまう
　　　　C　ばかな子供も賢くなる
　　　　D　座らないと眠れなくなる

放送内容　祟摸过孩子的头后，孩子会发生什么变化?

和訳　祟が子供の頭をなでると、子供はどうなりますか？

45 正　解［C］

選択肢　A　用珍珠做的戒指　　B　戴很多珠宝的人
　　　　C　非常受疼爱的人　　D　家里所有的珠宝

和　訳　A　真珠でできた指輪　　B　宝石をたくさん身に着けた人
　　　　C　とても可愛がられている人　　D　家にある全ての宝石

放送内容　这段话中的“掌上明珠”是什么意思?

和訳　この話に出てくる「掌中の玉」とはどんな意味ですか？

46 正　解［D］

選択肢　A　孩子的哭闹声把它吓跑了　　B　那对夫妇将铜钱向它投去
　　　　C　那对夫妇吹灯后去追赶它　　D　孩子枕边的红包发出亮光

和　訳　A　子供の泣き声に驚いたから
　　　　B　夫婦が銅銭を投げつけたから
　　　　C　夫婦が明かりを吹き消して追い払ったから
　　　　D　子供の枕もとの赤い包みが光を放ったから

放送内容　祟为什么被吓跑了?

和訳　祟はどうして驚いて逃げていったのですか？

放送内容

第47到50题是根据下面一段话：
走进大大小小的餐馆，我们不难发现，很多菜都非常油腻。一些刚到中国来的外国朋友也深有体会，觉得中国菜虽然好吃，但是太油腻。的确，食用油摄入过多，一直是中国国民饮食中很大的问题。据调查，近十年来，在中国居民的饮食中，每人每天食用油的摄入量达到42克，是健康饮食规定量的两倍，属于严重超标。
营养学家称，有一个普遍的原则：吃起来越香的肉，脂肪的含量可能越高。因此，牛、羊肉的脂肪含量就要比鸡、鸭等禽类肉的高，而禽类动物脂肪含量则比鱼类的要高。对此，营养学家建议，要想健康饮食，首先要控制每天食用油的摄入量，尽可能不要超过20克；其次，多进行体育运动，也是消耗多余脂肪的好办法。此外，还应该减少外出就餐的次数，尽量在家中吃饭，避免过多食用餐馆用油过多的菜。

和訳

問47 ～問50までは以下の話から出題されます。
レストランの大小を問わず、料理が脂っこいということはよくあります。中国に来たばかりの外国人にもよく分かるでしょうが、中国料理は美味しいのですが、脂っこいのです。確かに、油を摂りすぎるというのは、中国人の飲食における大きな問題です。調査によると、この10年近く中国人は食事の際に一人当たり毎日42gもの油を摂取していて、健康的な飲食規定量の2倍にもなり、大変な摂りすぎです。
栄養学者によると、一般的な原則として「美味しい肉ほど、脂肪の量が多い可能性がある」そうです。従って、牛や羊の肉は脂肪の量が鶏やアヒルなどの家禽類より多く、また家禽動物の脂肪の量は魚類より多いのです。そのため、健康的な食事をしたければ、まずは毎日の油の量をコントロールし、20ｇを超えないようにしましょう。それから、よく運動することも、余分な脂肪を燃やすよい方法です。さらに、外食の回数を減らし家で食事をして、レストランの油の多い料理を避けることです。

47 正　解［D］

選択肢
A　食用的盐过多
B　食用辣椒过多
C　食用粗粮过少
D　食用的油过多

和　訳
A　食塩の摂取量が多すぎる
B　唐辛子の摂取量が多すぎる
C　雑穀の摂取量が少なすぎる
D　油の摂取量が多すぎる

放送内容　根据这段话，中国国民饮食中的最大问题是什么?

和訳　この話から中国人の飲食における最大の問題は何ですか？

48 正　解［A］

選択肢
A　超过规定量
B　吃羊肉太多
C　吃烤鸭太多
D　吃牛肉太少

和　訳
A　規定の量を超えているから
B　羊の肉を食べ過ぎるから
C　北京ダックを食べ過ぎるから
D　牛肉を食べる量が少なすぎるから

放送内容　为什么说中国人的食用油量是超标的?

和訳　どうして中国人の油の摂取量は規定値を超えていると言えるのですか？

49 正　解［A］

選択肢　A　20克
　　　　B　30克
　　　　C　40克
　　　　D　42克

和　訳　A　20g
　　　　B　30g
　　　　C　40g
　　　　D　42g

放送内容　健康饮食中食用油量应控制在多少克以下?

和訳　**健康的な食事において油の量は何g以下に抑えるのがいいですか？**

50 正　解［D］

選択肢　A　进行体育运动
　　　　B　控制食用的油量
　　　　C　减少外出就餐次数
　　　　D　晚饭要吃得少一些

和　訳　A　運動する
　　　　B　油の摂取量を抑える
　　　　C　外食の回数を減らす
　　　　D　夕食に食べる量を減らす

放送内容　营养专家没有提到下列哪项建议?

和訳　**栄養専門家がアドバイスとして挙げていないのは以下のどれですか？**

放送内容　**听力考试现在结束。**

和訳　**聴解試験はこれで終了です。**

（四）听　力

第一部分

第1-15题：请选出与所听内容一致的一项。

1. A 考试当天应早起　　B 考试当天应晚起
   C 考试时头脑要清醒　　D 考试前一天应晚睡

2. A 毕业生应首先选择地点　　B 毕业生要先找工作单位
   C 毕业生必须参加招聘会　　D 毕业生应了解待遇情况

3. A “我”真的不想搞文学了　　B “我”想周末搞同学聚会
   C “我”盼望有自己的房子　　D “我”想和朋友们住在一起

4. A 柳岩常常去谈情说爱　　B 柳岩一心扑在工作上
   C 柳岩住的地方很安全　　D 柳岩的工作不算紧张

5. A 今天是情人节　　B 外国有个“姑爷节”
   C 外国姑娘嫁给天津人　　D 天津“洋女婿”增加了

6. A 小吕快要大学毕业了　　B 小吕已写完毕业论文
   C 小吕找到了工作单位　　D 小吕对工作表示满意

7. A “我”搬新家了　　B “我”常去劝架
   C “我”喜欢安静　　D 孩子常来“我”家

8. A 她父母都是演员　　B 她上过名牌大学
   C 她长得十分美丽　　D 她现在是大明星

9. A 老年人可以适当熬夜　　B 失眠患者应按时吃药
   C 人应在九点至十点入睡　　D 青年人可在十二点睡觉

10. A 英国的葡萄酒最有名　　B 富人才能喝上葡萄酒
    C 老百姓喝得起葡萄酒　　D 英国人关注葡萄酒生产

11. A 有人丢了钱包　　B 钱包是黑色的
    C 失主是服务员　　D 钱包交还了失主

12. A 青年人创业较成熟　　B 中年人创业很慎重
C 老年人创业有活力　　D 创业者都能够成功

13. A 兵马俑是中国的国宝　　B 兵马俑原本是彩色的
C 兵马俑原本是灰色的　　D 兵马俑因日晒而变色

14. A 章鱼曾造成沉船事故　　B 章鱼背上长着大贝壳
C 章鱼能很快改变颜色　　D 章鱼本身颜色是红的

15. A 太空中没有垃圾　　B 科学家没有办法
C 太空垃圾容易清理　　D 专家质疑清理方法

第二部分

第16-30题：请选出正确答案。

16. A 给员工更多任务　　B 指出职工的不足
　　C 讽刺职工的错误　　D 说出职工的优点

17. A 托儿所　　B 住学校
　　C 住家里　　D 老师家

18. A 1970 年　　B 1976 年
　　C 1980 年　　D 1986 年

19. A 漂泊的生活　　B 写大量文章
　　C 大量的阅读　　D 过集体生活

20. A 北京　　B 兰州
　　C 西安　　D 香港

21. A 专家　　B 经理
　　C 母亲　　D 治疗师

22. A 管教孩子不是爱　　B 父母该管教孩子
　　C 爱和管教很矛盾　　D 爱是孩子的天性

23. A 让爸爸问儿子　　B 看儿子的表情
　　C 问儿子的老师　　D 常跟儿子对话

24. A 4 岁时　　B 8 岁时
　　C 10 岁时　　D 上初三时

25. A 不给孩子学费　　B 孩子打工太苦
　　C 因为孩子太小　　D 孩子学习吃力

26. A 10 多个　　B 20 多个
　　C 30 多个　　D 40 多个

27. A 乱石砸死了武警战士　　B 大水冲走了武警战士
　　C 动物咬死了武警战士　　D 大火烧死了武警战士

28. A 摄影工作　　B 收集标本
C 探路布绳　　D 摄像工作

29. A 地下文物　　B 地下溶洞
C 地下暗河　　D 地下原始森林

30. A 大红蜘蛛　　B 中华溪蟹
C 沙滩恐龙　　D 中华松鼠

第 三 部 分

第31-50题：请选出正确答案。

31. A 4个人　B 7个人　C 10个人　D 11个人

32. A 从跳舞的姿势　B 从甩手的动作　C 从身体的高度　D 从唱歌的声音

33. A 舞蹈演出很成功　B 妈妈看得不仔细　C “我”演得非常逼真　D 妈妈特别了解“我”

34. A 伍秉鉴要债　B 没有赚到钱　C 赔了很多钱　D 碰上坏天气

35. A 勾住他的胳膊　B 撕碎他的借条　C 和他断绝交往　D 多要他七万美元

36. A 弄虚作假　B 挤垮同行　C 倒买倒卖　D 慷慨仗义

37. A 认识上的一种错觉　B 考验人的一种方法　C 认识人的一种途径　D 认识上的一种规律

38. A 能增进友谊　B 会造成痛苦　C 可更加团结　D 会努力工作

39. A 产生误会的时间　B 产生误会的原因　C 产生误会的后果　D 消除误会的办法

40. A 感恩　B 好习惯　C 爱科学　D 爱学习

41. A 三岁　B 七岁　C 幼儿园　D 儿童时代

42. A 什么是发明奖 B 什么是好习惯
C 应该从小立大志 D 好习惯使人终生受益

43. A 一两天 B 三四天
C 七八天 D 近十天

44. A 三件 B 四件
C 五件 D 六件

45. A 学会主动道歉 B 尽量关心对方
C 经常说我爱你 D 不要为小事争吵

46. A 夫妻不应该争吵 B 婚姻生活的问题
C 负面事情的危害 D 主动道歉的重要性

47. A 元旦 B 春节
C 清明节 D 元宵节

48. A 给商家一次赚钱机会 B 给节日增添一些麻烦
C 增添节日的欢乐气氛 D 起到警示敌人的作用

49. A 增加噪音污染 B 造成伤亡事故
C 浪费大量钱财 D 造成空气污染

50. A 应尊重放鞭炮的习俗 B 放鞭炮不利老人健康
C 放鞭炮对儿童的影响 D 不提倡燃放烟花爆竹

第4回	第一部分	問題 P.136	0401.mp3

放送内容
大家好！欢迎参加HSK（六级）考试。
大家好！欢迎参加HSK（六级）考试。
大家好！欢迎参加HSK（六级）考试。
HSK（六级）听力考试分三部分，共50题。
请大家注意，听力考试现在开始。

和訳
こんにちは。HSK6級テストへようこそ。
こんにちは。HSK6級テストへようこそ。
こんにちは。HSK6級テストへようこそ。
HSK(6級)聴解試験は3部分あり、合計50問です。
ただ今から聴解試験を始めます。注意して聞いてください。

放送内容
第一部分
第1到15题，请选出与所听内容一致的一项。现在开始第1题：

和訳
第1部分
問1 ～問15について、放送内容にあてはまる項目を1つ選んでください。ただ今から問1を始めます

問題用紙
第1-15题：请选出与所听内容一致的一项。

和訳
問1 ～問15：放送内容にあてはまる項目を1つ選んでください。

01 正解［C］

選択肢 A 考试当天应早起
B 考试当天应晚起
C 考试时头脑要清醒
D 考试前一天应晚睡

和訳 A 試験当日は早起きすべきだ
B 試験当日は遅く起きるべきだ
C 試験中は頭の働きを良くしておく必要がある
D 試験前日は遅めに寝るべきだ

放送内容 参加考试的那天是早起好还是晚起好？一些学生常想这样的问题。其实，那天早起晚起都不要紧，重要的是要有个好的生活习惯，保证正常的睡眠，使头脑在考试时始终清醒。

和訳 試験当日は早起きがよいのか遅く起きた方がよいのか？　絶えずこんなことを考えている学生もいるでしょう。しかし実際は、当日起きるのは早かろうが遅かろうがあまり関係なく、大切なのはよい生活習慣が身についていること、ちゃんと眠れていたか、そして試験中、頭の働きが良いかということなのです。

02 正解［A］

選択肢 A 毕业生应首先选择地点
B 毕业生要先找工作单位
C 毕业生必须参加招聘会
D 毕业生应了解待遇情况

和訳 A 新卒者はまず働く地域を選ぶべきだ
B 新卒者はまず職場を見つけるべきだ
C 新卒者は採用説明会に参加しなければならない
D 新卒者は待遇状況を理解すべきだ

放送内容 选择工作地点是应届毕业生找工作的一个重要步骤，因为只有选好了工作地点，才能有选择地与招聘单位联系和洽谈，才能迈出与用人单位联系的第一步。

和訳 働く地域を決めるというのは新卒者が仕事を探す時にとても重要な一歩となります。なぜなら働く地域を決めて初めて、その場所での求人企業と連絡や話し合いをきちんとすることができ、求人企業とのコミュニケーションの第一歩を踏み出すことができるからです。

03 正　解［C］

選択肢　A“我”真的不想搞文学了
B“我”想周末搞同学聚会
C“我”盼望有自己的房子
D“我”想和朋友们住在一起

和　訳　A「私」は本当は文学をやりたくなくなかった
B「私」は週末、同窓会をしたい
C「私」は自分の家が欲しい
D「私」は友人たちと一緒に暮らしたい

放送内容　我真正羡慕的不是搞文学，而是可以拥有一间房子。我在这房子里可以搞各种活动，比如家庭聚会、同学聚会、节日盛宴什么的，当然也不能缺少参加这些活动的朋友们。

和訳　私が本当に願っているのは文学をやることではなく、持ち家を持つことです。家があればいろいろなことができます。例えばホームパーティーとか、同窓会とか、年間行事の宴会とか。もちろん、来てくれる友達も欠かせません。

04 正　解［B］

選択肢　A　柳岩常常去谈情说爱
B　柳岩一心扑在工作上
C　柳岩住的地方很安全
D　柳岩的工作不算紧张

和　訳　A　柳岩さんはよく恋愛をする
B　柳岩さんは仕事に専念している
C　柳岩さんが住んでいる所は安全だ
D　柳岩さんの仕事はそれほど忙しくない

放送内容　因为每天的工作排得很满，柳岩没有时间谈情说爱。她觉得事业能给她安全感，每天忙碌着能让她更踏实。她相信，工作上的努力和付出是一定能收获成绩和回报的。

和訳　毎日仕事がびっしりと詰まっているので、柳岩さんには恋愛をする時間などありません。仕事こそが安心を与えてくれるものだと思っていますし、毎日忙しくしていると落ち着きます。仕事で努力し情熱や時間を注ぎ込んでいれば、必ずよい結果が返ってくると信じています。

05 正 解 [D]

選択肢
A 今天是情人节
B 外国有个“姑爷节”
C 外国姑娘嫁给天津人
D 天津“洋女婿”增加了

和 訳
A 今日はバレンタインデーだ
B 外国には「婿の日」がある
C 外国人女性が天津人に嫁ぐ
D 天津の「外国人婿」が増えた

放送内容 今天是大年初二，也是天津的“姑爷节”。记者从市民政局获悉，随着天津在全球的吸引力与日俱增，津城的跨国婚姻越来越多，仅去年就招来了269个“洋女婿”。

和訳 今日、旧暦正月の2日目は、天津の「婿の日」でもあります。市民政局への取材によると、天津は国際的な魅力の高まりにより、国際結婚が増え、去年だけで269人の「外国人のお婿さん」を迎えたそうです。

06 正 解 [A]

選択肢
A 小吕快要大学毕业了
B 小吕已写完毕业论文
C 小吕找到了工作单位
D 小吕对工作表示满意

和 訳
A 呂さんはもうすぐ大学を卒業する
B 呂さんは卒業論文を書き終えた
C 呂さんは仕事を見つけた
D 呂さんは仕事について満足の意を示した

放送内容 小吕就要大学毕业了，现在正在写毕业论文。大学四年，小吕始终认真学习，努力钻研。老师们认为她是一名不可多得的好学生，以后找工作肯定不成问题，小吕也对自己的前途充满了信心。

和訳 呂さんは大学卒業を控えて、今は卒業論文を書いている最中です。大学の4年間、呂さんはまじめに勉強に打ち込みました。先生方からは、そうそういないほどのよい学生だ、就職も問題ないだろうと思われていて、呂さんは自分の将来に自信を持っています。

07 正解［C］

選択肢 A “我”搬新家了
B “我”常去劝架
C “我”喜欢安静
D 孩子常来“我”家

和 訳 A「私」は新居に引っ越した
B「私」はよく喧嘩の仲裁に入る
C「私」は静かな環境が好きだ
D 子供はよく「私」の家に来る

放送内容 自从对面搬来了新邻居，往日的宁静全被打破了。总是喜欢清静的我，对对面夫妻之间的吵架声和孩子的吵闹声十分厌烦，但又无可奈何。

和訳 向かいに新しい隣人が引っ越してきてから、静かだった日々はぶち壊されてしまいました。静かなのが好きな私には、向かいの夫婦げんかの声や子供の泣き声が鬱陶しくてたまりませんが、かといってどうしようもありません。

08 正解［D］

選択肢 A 她父母都是演员
B 她上过名牌大学
C 她长得十分美丽
D 她现在是大明星

和 訳 A 彼女の両親はともに役者だ
B 彼女は有名大学に通っていた
C 彼女はとても美しい
D 彼女は今や大スターだ

放送内容 像她这样一个铁路工人家庭出身、没上过大学、貌不出众的文工团演员，一步步地走到今天，成为一个集制片人、导演、演员于一身的大明星，完全是赶上了好时代。

和訳 鉄道作業員の家庭に生まれ、大学にも行かず、容姿も平凡な彼女のような軍隊劇団の女優が、今日まで生き残り、プロデューサーで監督で女優という大スターになるとは、よい時代になったものです。

09 正解［C］

選択肢
A 老年人可以适当熬夜
B 失眠患者应按时吃药
C 人应在九点至十点入睡
D 青年人可在十二点睡觉

和訳
A お年寄りは時々徹夜してもいい
B 不眠症患者は時間どおりに薬を服用する
C 人は9時から10時の間に寝るべきだ
D 若者は12時に寝ることができる

放送内容 据研究，入睡的最佳时间是晚上九点到十点之间。如果因为某种原因十一点还没睡着，到了十二点再想入睡就很困难了。这点在年纪大或患有失眠症的人身上特别明显。

和訳 寝る時間は、夜9時から10時の間が一番よいようです。何らかの原因で11時まで眠れないでいると、12時になって眠りに就こうとしても難しいのだそうです。これは、中高年や不眠症の人にとっては特に言えることです。

10 正解［C］

選択肢
A 英国的葡萄酒最有名
B 富人才能喝上葡萄酒
C 老百姓喝得起葡萄酒
D 英国人关注葡萄酒生产

和訳
A イギリスのワインが最も有名だ
B 金持ちになってこそワインが飲める
C 一般人はワインが飲める
D イギリス人はワイン生産に注目している

放送内容 葡萄酒已经被人们当成继英语之后的“第二国际语言”，越来越多的人开始关注葡萄酒。如今，品尝葡萄酒不再仅是富人们的专利，越来越多的葡萄酒出现在普通老百姓的餐桌上。

和訳 ワインは英語に次ぐ「第2の国際言語」として、多くの人から注目されるようになっています。今や、ワインを楽しむのは金持ちの特権ではなく、多くのワインが庶民の食卓にも上るようになってきています。

11 正　解［A］

選択肢
A　有人丢了钱包
B　钱包是黑色的
C　失主是服务员
D　钱包交还了失主

和　訳
A　財布をなくした人がいた
B　財布は黒色だ
C　持ち主は食堂の従業員だ
D　持ち主へ財布を返した

放送内容　吃完饭我和朋友正要离开食堂，忽然发现桌子下边有个红色钱包。我们想交还给失主，可当时开饭时间已过，食堂里的人也都走光了，我们只好把它交给了服务员。

和訳　食事が終わって私が友人と食堂を立ち去ろうとした時、ふとテーブルの下に赤い財布が落ちているのに気がつきました。持ち主に返してあげたかったのですが、食事の時間は過ぎていたので、食堂の客はみんな立ち去った後で、私たちは仕方なく従業員に財布を渡しました。

12 正　解［B］

選択肢
A　青年人创业较成熟
B　中年人创业很慎重
C　老年人创业有活力
D　创业者都能够成功

和　訳
A　若者の起業はかなり成熟している
B　中高年の起業は慎重である
C　お年寄りの起業は活力がある
D　創業者はみな成功できる

放送内容　中年人比青年人成熟，比老年人有活力。很多中年人意识到创业并不是青年人的专利，他们的阅历和经验，会让他们在创业选择时更慎重，正是这份慎重往往使他们走向成功。

和訳　中高年は若者よりしっかりして、またお年寄りと比べて元気があります。起業は若者の特権ではないと思っている中高年は多いです。中高年は経験があるがゆえに、起業するのに慎重です。しかしいったん起業すると往々にして成功に結びつきます。

13 正　解 [B]

選択肢
A　兵马俑是中国的国宝
B　兵马俑原本是彩色的
C　兵马俑原本是灰色的
D　兵马俑因日晒而变色

和　訳
A　兵馬俑は中国の国宝だ
B　本来の兵馬俑はカラーだった
C　本来の兵馬俑は灰色だった
D　兵馬俑は日差しで変色した

放送内容　兵马俑在最初都是彩绘的，因深埋地下、火烧等原因，有的彩绘脱落，有的因遇空气变成了灰色。如果被挖的区域没全部被火烧过，人们可能会看到精美的彩色兵马俑。

和訳　もともと兵馬俑には全て色がついていましたが、地中深くに埋められていたのと、火事などの原因で、剥がれ落ちたり、空気に触れて灰色になったりしてしまいました。もし掘り出されたエリアが全て火事に遭っていなかったら、私たちは色鮮やかな兵馬俑を見ることができたかも知れません。

14 正　解 [C]

選択肢
A　章鱼曾造成沉船事故
B　章鱼背上长着大贝壳
C　章鱼能很快改变颜色
D　章鱼本身颜色是红的

和　訳
A　タコはかつて船の沈没事故を引き起こした
B　タコは大きな貝をつけている
C　タコはすばやく変色することができる
D　タコそのものは赤色だ

放送内容　章鱼是个变色能手，能在几秒钟里改变自己的颜色。它还喜欢钻进空贝壳或容器里，海下如果有沉船的话，章鱼就会纷纷往里钻，不久那儿就会成了“章鱼城”。

和訳　タコは色を変える名人で、数秒間で自分の色を変えることができます。また、貝殻や容器に入るのも好きで、海に沈んでいる船があれば、タコは次々にそこに入り込んで、そのうち「タコの町」になってしまいます。

15 正　解［**D**］

選択肢
A 太空中没有垃圾
B 科学家没有办法
C 太空垃圾容易清理
D 专家质疑清理方法

和　訳
A 宇宙にはゴミがない
B 科学者は方法がない
C 宇宙ゴミは簡単に整理できる
D 専門家は整理方法に疑問を抱いている

放送内容 据报道，如何应对地球轨道上的无数太空垃圾，一直是一项全球性的课题，很多科学家相继提出了五花八门的方法。不过，一些专家对于这些方法是否真的能解决这一问题提出了质疑。

和訳 ニュースによると、地球の軌道上に無数にある宇宙ゴミをどうするかは、世界中が注目し続けている問題だそうです。科学者たちは次々にいろいろな方法を考え出していますが、専門家はそれが有効かどうかは疑問だとしています。

第4回	第二部分	問題 P.138	0402.mp3

放送内容 **第二部分**
第16到30题：请选出正确答案。现在开始第16到20题：

和訳 **第2部分**
問16～問30：正しい答えを選んでください。ただ今から問16～問20を始めます。

問題用紙 **第16-30题：请选出正确答案。**

和訳 **問16～問30：正しい答えを選んでください。**

放送内容 第16到20题是根据下面一段采访：
女：您好，刘先生，凤凰卫视经过15年的锤炼，在世界，尤其是华人世界已经具有很大的影响力。听说您非常喜欢钻研管理学，您的心得是什么?
男：学管理学后，我要求自己一天要表扬三个人，但有时工作太忙，没有表扬够数；后来要求自己每天至少说三句表扬的话。我觉得表扬的威力比红包还强大。
女：您今年60岁了，听说您小时候从托儿所一直“托”到了中学。
男：是的。因为爸爸工作上的调动，我们从上海搬到北京，再搬到西安，又从西安搬到兰州。从居住地点来说，一直是漂泊的，但又是稳定的，稳定之处在于一直过着集体生活，保持了和人的接触，所以我的社会性比较强。
女：听说您当过兵?
男：我是1970年入伍的。我主动要求当最艰苦的工程兵，我当兵10年，除了参与抢险、修路、盖房子，还写了不少东西，一不留神写了不少军报头条。在部队绝对是一种锤炼，我受益匪浅。
女：您的文笔也好厉害啊!
男：那得益于青少年时期的大量阅读，爸爸读完的《参考消息》我都会看。那段时间对我的成熟帮助最大。
女：您是1980年到中央人民广播电台的吧?
男：对。是从部队去的。在台里主要抓军事重大新闻。
女：创办凤凰卫视是怎么回事?
男：1988年底，我辞职下海经商。1994年香港商人在北京创办了全球首个24小时华语卫星电视，当时我就想，如果我们能拿到一个卫星频道，我们也办一个电视台。我通过石油贸易赚到第一桶金后，1996年，在香港跟默多克新闻集团签订了合约，创办凤凰卫视的愿望终于实现了。

和訳 問16～問20までは以下のインタビューから出題されます。
女：劉さん、こんにちは。フェニックステレビは15年の歳月を経て、世界中、特に中華文化圏で大きな影響力を持つようになりましたね。管理学がお好きで熱心に研究されているそうですが、そこから学ばれたことは？
男：管理学を勉強してから、私は1日に3人の人を褒めるように決めました。ですが、仕事が忙しくてできない時もあります。それからは、毎日少なくとも3つの褒め言葉を言うようにしました。褒めることの威力はボーナスよりすごいと思っています。
女：今年60歳になられますが、子供のころは保育園から中高校までずっと、学校で育ったそうですね。
男：ええ、父の仕事の転勤で、家族は上海から北京、そこからさらに西安、そこからまた蘭州に引っ越したんです。居住地から見ると、放浪しているように見えますが、ずっと集団生活をしていたので落ち着いていて、また、いつでも隣に人がいたので社会性のある人間になりました。

女：軍隊にも行かれたそうですね。
男：1970年に入隊しました。一番きつい工程兵に自ら志願したんです。10年間いましたが、災害時の救急対応、道路工事、建築、さらにはたくさんの原稿を書き、若気の至りで軍新聞のトップ記事もたくさん手がけました。部隊で私は大いに鍛えられ、多くのものを得ることができました。
女：執筆方面でもすごいんですね！
男：若いころにたくさんのものを読んだおかげですよ。父が読み終わった『参考消息』は全部読みましたが、このころが私の成長に最も役立った時期です。
女：1980年に中央人民広播電台に入社されたんですよね。
男：ええ、軍隊から行きました。局では主に、軍事の重大ニュースを取ってくる仕事をしました。
女：フェニックステレビを設立された経緯を教えてください。
男：1988年年末、私は局をやめて起業しました。1994年に香港の商人が北京で世界初の24時間の中国語による衛星放送を設立しましたが、その時自分たちも衛星チャンネルを持つことができたら、テレビ局をやろうと思ったんです。石油の貿易で儲けた最初の資金で、1996年に香港でニューズ・コーポレーションと契約し、フェニックステレビを設立するという夢をついに叶えました。

16 正解［D］

選択肢
A 给员工更多任务
B 指出职工的不足
C 讽刺职工的错误
D 说出职工的优点

和訳
A 従業員により多くの任務を課す
B 従業員の能力欠如を指摘する
C 従業員の過ちを皮肉る
D 従業員の長所を褒める

放送内容 男的用什么方法管理他的团队？

和訳 男性はどのような方法で組織内の人を管理しているのですか？

17 正 解 [B]

選択肢 A 托儿所
B 住学校
C 住家里
D 老师家

和 訳 A 保育園
B 学校
C 家
D 教師の家

放送内容 男的上中学时住在哪儿?

和訳 **男性が中高生の時はどこに住んでいましたか？**

18 正 解 [A]

選択肢 A 1970年
B 1976年
C 1980年
D 1986年

和 訳 A 1970年
B 1976年
C 1980年
D 1986年

放送内容 男的是哪年当的兵?

和訳 **男性は何年に入隊したのですか？**

19 正　解［C］

選択肢
A 漂泊的生活
B 写大量文章
C 大量的阅读
D 过集体生活

和　訳
A 放浪した生活
B 多くの文を書いたこと
C 大量の読書
D 集団生活を経験したこと

放送内容 男的认为什么事对他的成熟帮助最大?

和訳 男性にとってこれまでの成長で最も役に立ったことは何だと思っていますか？

20 正　解［D］

選択肢
A 北京
B 兰州
C 西安
D 香港

和　訳
A 北京
B 蘭州
C 西安
D 香港

放送内容 为办凤凰卫视，男的是在哪儿跟默多克新闻集团签订合约的?

和訳 フェニックステレビを設立するため、男性はどこでニューズ・コーポレーションと契約を交わしたのですか？

放送内容 第21到25题是根据下面一段采访：

男：我知道您有多种身份：女性情感专家、心理治疗师、芳香治疗师、公司经理。

女：在我的心里，最让我引以为荣的身份是母亲。

男：在教育孩子这一问题上，您的指导思想是什么？

女：我认为，对孩子的爱和管教并不矛盾，爱孩子是父母的美好天性，管教则是父母的主要责任。关键是，父母要学会在恰当的时间、以恰当的方式给予孩子爱和管教。

男：您儿子从出生到6岁，都是您自己带的？

女：是的。因为我觉得这一阶段对孩子来说是非常非常重要的。从儿子懂事起，我会经常问他："你喜欢妈妈怎样爱你呀？""你觉得妈妈怎样做才是爱你？"我的目的不只是为了得到答案，更重要的是就问题展开对话，了解孩子的想法和需求，也从儿子的话中知道自己的爱是不是都已经被接收了。

男：听说您儿子非常自立，您是怎样培养的？

女：从儿子懂事起我就有意识地开始培养他。他4岁时跟我到欧洲旅行，我特意为他准备了一个小行李箱，他的东西都放在里面，我要他管好自己的东西，每走一个地方，在退房前，他都要整理自己的小箱子，落下什么东西，爸爸妈妈不会帮他补上。他10岁时，只身到英国读书，有人说我太狠心。其实，我对儿子是有把握的，他的责任感和独立能力让我很放心。他从初三开始，一直用业余时间打工，高中毕业时，带着打工的积蓄，以火车自助游的方式把整个欧洲游了个遍。大学期间，他在社会名流的酒会打工，干过端盘子、门前接待、吧台服务员等工作，大学毕业时，他已经是酒会的首席调酒师了。读研究生时，他成为英国首相的新闻观察员、政治风险分析师。现在，他27岁，选择了到北京创业，成立了两家性质完全不同的公司，一个是严肃的商务咨询公司，一个是轻松的酒会服务公司。

和訳 問21～問25までは以下のインタビューから出題されます。

男：いろいろな肩書きをお持ちですよね、女性心理の専門家で、心理セラピストで、アロマセラピストで、会社の社長でもあるなんて。

女：でも一番誇りに思っているのは、母親という肩書きです。

男：子供の教育という問題において、あなたのモットーは何ですか？

女：子供への愛としつけというのは決して矛盾していないと思います。子供への愛というのは、天が親に与えた美しい本能で、しつけはと言うと親の主な責任です。大切なのは、親が適切なタイミングと方法で、子供に愛としつけを施すことなのです。

男：息子さんが生まれてから6歳になられるまで、ご自身で育てていらっしゃったんですか？

女：ええ。なぜなら、子供にとってこの時期はとても大切だと思ったからです。息子に物心がついたころから、よく「お母さんがどうしてくれるのが一番好き？」「お母さんがどんなことをしていれば、愛されていると思う？」と聞きました。答えがほしいからだけでなく、もっと大切なのは話し合って、子供の考えや、してほしいことを理解し、息子の言葉から私の愛が届いているか知ることだったのです。

男：息子さんはとてもしっかりしたお子さんのようで、どうやって教育されたのですか？

女：物心ついたころから意識して教育を始めました。息子が4歳の時ヨーロッパ旅行へ連れて行きましたが、その時小さいトランクを1つわたし、自分の持ち物を全て入れさせ、自分でしっかり管理させたんです。どこへ行くのも、チェックアウトの時も、中身をきちんと整理させて、何か落としても、親は入れてやりません。10歳の時には、一人でイギリスへ留学させました。とんでもないと言う人もいましたが、私は息子をよく分かっていて、責任感と自立能力のある子でしたから心配しませんでした。中3から、余暇にはアルバイトをし、高校卒業の時は、それで貯めたお金でヨーロッパ中を列車で旅しました。大学では、高級バーでアルバイトをし、ウエイターやドアマン、カウンターの仕事をして、卒業するころにはそこのトップバーテンダーになっていました。

大学院生になると、イギリス首相のニュースウオッチャー、政治リスクのアナリストになりました。今、息子は27歳ですが、北京で起業し、タイプが違う2つの会社を立ち上げました。1つは堅いコンサルティング会社で、もう1つはカジュアルなパーティーサービスの会社です。

21 正 解 [C]

選択肢 A 专家
B 经理
C 母亲
D 治疗师

和 訳 A 専門家
B 社長
C 母親
D セラピスト

放送内容 女的最引以为荣的是哪种身份?

和訳 **女性が一番誇りに思っているのは、どんな肩書きですか？**

22 正 解 [B]

選択肢 A 管教孩子不是爱
B 父母该管教孩子
C 爱和管教很矛盾
D 爱是孩子的天性

和 訳 A 子供をしつけるのは愛ではない
B 父母は子供をしつけるべきだ
C 愛としつけは矛盾している
D 愛は子供の本能だ

放送内容 下列哪项与女的的认识是一致的?

和訳 **女性の考えと一致するのは以下のどれですか？**

23 正解 [D]

選択肢 A 让爸爸问儿子
B 看儿子的表情
C 问儿子的老师
D 常跟儿子对话

和訳 A 夫に尋ねさせる
B 息子の表情から判断する
C 息子の教師から聞く
D よく息子と会話する

放送内容 女的怎么知道自己的爱是否已被幼小的儿子接收了?

和訳 女性は自分の愛が幼い息子に受け入れられているか否かをどうやって分かったのですか？

24 正解 [A]

選択肢 A 4岁时
B 8岁时
C 10岁时
D 上初三时

和訳 A 4歳の時
B 8歳の時
C 10歳の時
D 中学3年生の時

放送内容 孩子多大时女的带他到欧洲旅行?

和訳 女性は息子がいくつの時にヨーロッパ旅行に連れて行ったのですか？

25 正　解［C］

選択肢　A　不给孩子学费
B　孩子打工太苦
C　因为孩子太小
D　孩子学习吃力

和　訳　A　子供に学費を渡さなかったから
B　子供のアルバイトが非常につらかったから
C　子供が小さすぎたから
D　子供が勉強に苦労していたから

放送内容　孩子只身到英国读书时，为什么有人说女的太狠心?

和訳　**息子を単身でイギリスに留学させる時、どうして女性に対して「とんでもない」と言う人がいたのですか？**

放送内容 第26到30题是根据下面一段采访：

女：最近您率领飞猫探险队对广西乐业县的大石围天坑进行了考察，请您向大家介绍一下大石围天坑的基本情况，好吗？

男：好的。乐业县方圆20平方公里内，分布着大大小小的天坑20多个，这里享有“世界天坑博物馆”的美誉。大石围天坑是其中最有名的一个。它的垂直深度有630米，相当于200多层楼房的高度，宽600米，从高空往下看，它仿佛是一个巨大的漏斗，直达地心。

女：听说1999年乐业县政府曾组织人员对大石围天坑进行过考察。

男：是的。那次我也是考察队员之一。考察中，一名探路的武警战士当下降到深300米处趟地下暗河时，不幸被大水冲走了。失败的原因，除了准备不足外，专业知识也显得不够用。

女：这次你又报名参加了？

男：不仅我报名了，还有我的三个朋友，我们四个人组成了飞猫探险队。我们从小长在大山里，都对探索大自然的奥秘有着浓厚的兴趣。这次探险，我们分工明确：我负责最重要的探路布绳工作，黄招然充当我的助手，李晋负责摄影，莫百瑞负责摄像。

女：考察大石围天坑是不是很危险？

男：那当然。天坑深不见底，密林覆盖，暗流涌动，途中随时会遇上风化的岩石滚落，还有不知名的动物在活动。我们经过3个小时的艰难行进，才到了距地面垂直距离200米的地方，刚想休息一下，就有一个叫不上名字的大动物把大家吓了一跳。而且上面的人一走动，碎石就像雨点儿一样向我们头顶飞来。

女：这次科学考察有什么成果？

男：这次探明了大石围天坑是集地下溶洞、地下原始森林、珍稀动植物以及地下暗河于一体的世界第二大天坑。短肠蕨类植物比恐龙时期的桫椤还要古老。绿色兰花这种稀有植物坑底也有。发现的稀有动物中，中华溪蟹和幽灵蜘蛛被确认为新物种。

和訳 問26～問30までは以下のインタビューから出題されます。

女：最近、「飛猫探検隊」を率いて広西チワン族自治区の楽業県の大石囲ドリーネ（大穴）を探検されたそうですね。大石囲ドリーネとはどんなところか、教えてください。

男：はい。楽業県の周囲20平方キロメートルにわたって、大小20以上のドリーネが分布していて、「世界のドリーネ博物館」という名誉ある呼び名があります。大石囲ドリーネはその中でもっとも有名な1つで、垂直深度は630メートル、ビルなら200階以上の高さです。幅は600メートルで、空から見ると、まるで地底までつながっている巨大な漏斗のようです。

女：1999年楽業県政府は探検隊を結成して大石囲ドリーネの探検を行ったそうですね。

男：ええ。私もメンバーの一人でした。地下300メートルで暗流を渡る時、ルートを探っていた武装兵士の一人が流されて亡くなったんです。原因は、準備不足のほかに、専門知識が欠如していたことでした。

女：それからまた志願されたんですか？

男：私だけではなく、友人3人もです。4人で飛猫探検隊を結成したんです。私たちは子供のころから山で育ち、大自然の神秘にとても興味がありました。この時の探検では、私たちは役割分担を明確にしました。私は一番大切なルートにロープを張る作業、黄招然は私の助手で、李晋は写真撮影、莫百瑞はビデオ撮影です。

女：大石囲ドリーネの探検は危険ですか？

男：もちろんです。ドリーネは底が見えないほど深く、密林に覆われていて、暗流が流れており、途中でよく風化した岩石が落ちてきます。それに、よく分からない動物もいますし。3時間も苦労して進んで、ようやく地面から垂直距離200メートルまでたどり着いて、一息入れようとすると、名前も知らない大きな動物に驚かされたりもします。それに、上の人がちょっと動くと、石のかけらが雨みたいに頭に落ちてくるんです。

女：今回はどんな成果がありましたか？

男：今回分かったのは大石囲ドリーネは地下鍾乳洞と、地下原始林、それに希少な動植物および地下河川が一体となった世界第2の大ドリーネ群だということです。ワラビの仲間は恐竜時代のヘゴ植物よりさらに古く、珍しい緑のランはドリーネの底にもあるのです。見つかった希少動物のうち、チュウゴクサワガニとユウレイグモは新種と認定されました。

26 正　解［B］

選択肢
A　10多个
B　20多个
C　30多个
D　40多个

和　訳
A　10個以上
B　20個以上
C　30個以上
D　40個以上

放送内容 广西乐业县有多少个天坑?

和訳 **広西チワン族自治区の楽業県にはいくつドリーネが分布していますか？**

27 正　解［B］

選択肢
A　乱石砸死了武警战士
B　大水冲走了武警战士
C　动物咬死了武警战士
D　大火烧死了武警战士

和　訳
A　落下した岩石で武装兵士が亡くなった
B　武装兵士が水に流された
C　武装兵士が動物にかみ殺された
D　火災で武装兵士が焼死した。

放送内容 1999年对大石围天坑考察时，出现了什么意外?

和訳 **1999年の大石囲ドリーネの探検時、どういった不慮の事故が起こりましたか？**

28 正解 [C]

選択肢 A 摄影工作
B 收集标本
C 探路布绳
D 摄像工作

和訳 A 写真撮影
B 標本作成のための採取
C ロープを張る作業
D ビデオ撮影

放送内容 男的在这次考察活动中负责什么工作?

和訳 男性は今回の探検においてどんな担当をしていましたか？

29 正解 [A]

選択肢 A 地下文物
B 地下溶洞
C 地下暗河
D 地下原始森林

和訳 A 地下文化財
B 地下鍾乳洞
C 地下河川
D 地下原始林

放送内容 大石围天坑中没有下列哪项事物?

和訳 大石囲ドリーネにおいて、ないものは以下のどれですか？

30 正　解 [**B**]

選択肢　A　大红蜘蛛
　　　　B　中华溪蟹
　　　　C　沙滩恐龙
　　　　D　中华松鼠

和　訳　A　ニセナミハダニ
　　　　B　チュウゴクサワガニ
　　　　C　サンディーサウルス
　　　　D　チュウゴクリス

放送内容　这次考察在大石围天坑发现了什么新物种?

和訳　**大石囲ドリーネの今回の探検において発見した新種は何ですか？**

第4回	第三部分	問題 P.140	0403.mp3

放送内容 **第三部分**
第31到50题，请选出正确答案。现在开始第31到33题：

和訳 第3部分
問31 ～問50：正しい答えを選んでください。ただ今から問31 ～ 33を始めます。

問題用紙 **第31-50题：请选出正确答案。**

和訳 問31 ～問50：正しい答えを選んでください。

放送内容 第31到33题是根据下面一段话：
小学四年级的时候，我参加了元旦晚会的演出，妈妈应邀来观看。
在回家的路上，我问妈妈："您知道舞台上哪个大头娃娃是我吗？"妈妈微笑着说："知道。"我感到很奇怪，就追问道："我是哪一个呢？"妈妈说："左边第4个。"我更加惊奇了：舞台上共有10个大头娃娃，服装、头饰、动作一模一样，妈妈是怎么认出我的呢？妈妈看我疑惑，便说："在台上，你的手是不是被什么东西扎了一下？快结束时我看你微微甩了甩手，你平时被东西扎着时就是这个样子。"我愣住了，小小的心灵受到了强烈的震撼。我低头看着母亲牵着我的那只手，心想：如果有10个母亲同时伸出手，我能辨认出哪一只手的纹路是属于她的吗？

和訳 問31 ～問33までは以下の話から出題されます。
小学4年生の時、正月のパーティーで出し物をやって、母が見に来てくれました。帰り道、私は母に「ステージにいたかぶり物をかぶった中でどれが私か分かった？」と聞きました。母は微笑みながら「うん」と言いました。私は不思議に思って、「どれ？」と聞きました。「左から4人目」と母が言ったので、私はますます驚きました。ステージには10人のかぶり物をかぶった子供がいて、衣装も頭の飾りも動きもぴったり同じにしていたのに、どうして分かったんだろう？　不思議がる私に母は「ステージで、手に何か刺さらなかった？　最後の方で、あなたが手をぱたぱたさせているのが見えたわ。何か刺さると、いつもそうでしょう？」と言いました。私は言葉につまり、幼い心は激しく揺さぶられました。私はうつむいて、母が私とつないでいる手を見つめながら、もし10人のお母さんが同時に手を差し出してきたら、指紋からどれがお母さんの手か分かるだろうかと思いました。

31　正解［C］

選択肢　A 4个人
B 7个人
C 10个人
D 11个人

和訳　A 4人
B 7人
C 10人
D 11人

放送内容 说话人参加演出的舞蹈队共有几个人？

和訳 話し手が出し物で参加した踊り子チームは合計何人ですか？

32 正　解 [B]

選択肢 A 从跳舞的姿势
B 从甩手的动作
C 从身体的高度
D 从唱歌的声音

和　訳 A 踊る時の姿勢
B 手を振り離す動作
C 背丈
D 歌声

放送内容 跳舞时，妈妈是怎么认出说话人的?

和訳 ダンスをしている時、母はどうやって話し手のことが分かったのですか？

33 正　解 [D]

選択肢 A 舞蹈演出很成功
B 妈妈看得不仔细
C “我”演得非常逼真
D 妈妈特别了解“我”

和　訳 A 出し物が成功したこと
B 母が詳しく見ていなかったこと
C 「私」の演技がとても似ていたこと
D 母が「私」をよく分かっていること

放送内容 什么使说话人的心灵受到了强烈的震撼?

和訳 話し手の心に強い衝撃を与えたものは何ですか？

放送内容 第34到36题是根据下面一段话：
清朝的伍秉鉴是个商人。有一位外国商人经常和伍秉鉴往来，不过手中的七万多美元很快就赔了个精光，而赔进去的钱，又都在伍秉鉴那里有借条，这个商人沮丧到了极点。伍秉鉴把他叫来诚恳地说："你是我信赖的老朋友，只是运气有点儿不好。不就是七万多美元吗？从现在起，你欠我的所有债务一笔勾销。"说完，当面把所有的借条撕了个粉碎。
这个外国商人惊呆了，他做梦也想不到伍秉鉴是这样的商人。伍秉鉴也因此征服了千千万万同行的心，各种订单和财富从此源源不断地流入他手中。

和訳 問33～問36までは以下の話から出題されます。
清朝の伍秉鑑は商人でした。伍秉鑑とよく取引をしていたある外国商人が、手持ちの7万ドル余りをすっかりすってしまいました。その金は伍秉鑑に借りたもので、商人はこれ以上ないほど気落ちしていました。伍秉鑑は外国商人を呼んで、誠意ある態度で「心の友よ、ちょっと運が悪かっただけじゃないか。たった7万ドルぽっち、今から全て帳消しにしよう」と言い、言い終わるやいなや、目の前で全ての借用書をビリビリと破いてしまいました。
外国商人は呆気にとられてしまいました。伍秉鑑がこんな商人だとは夢にも思っていなかったのです。伍秉鑑はこれで、多くの同業者の心をつかみ、多くの商売や富を手中にすることとなりました。

34 正解 [C]

選択肢
A 伍秉鉴要债
B 没有赚到钱
C 赔了很多钱
D 碰上坏天气

和訳
A 伍秉鑑が借金をとりたてるから
B 稼げなかったから
C 損が大きかったから
D 悪天候に遭ったから

放送内容 那位外国人为什么沮丧到了极点？

和訳 その外国人はどうしてこれ以上ないほど気落ちしたのですか？

35 正　解［B］

選択肢
A　勾住他的胳膊
B　撕碎他的借条
C　和他断绝交往
D　多要他七万美元

和　訳
A　彼の腕を組んだ
B　借用書を破り捨てた
C　彼と絶交した
D　7万ドル多めに要求した

放送内容　伍秉鉴的什么行动把那位外国商人惊呆了？

和訳　その外国商人があっけにとられた伍秉鑑の行為とはどういったものですか？

36 正　解［D］

選択肢
A　弄虚作假
B　挤垮同行
C　倒买倒卖
D　慷慨仗义

和　訳
A　欺瞞行為
B　同業者をつぶす
C　投機目的の商売
D　義理人情に厚い（商売）

放送内容　伍秉鉴靠什么发了大财？

和訳　伍秉鑑はどのようにして大儲けをしたのですか？

放送内容 第37到39题是根据下面一段话：
所谓误会，就是别人对你的主观看法跟你的实际情况不符。一般来说，误会的产生是无意中的事，往往是因为认识上的一种错觉。人跟人之间，一旦产生误会，就会给人带来痛苦、烦恼，甚至造成悲剧，因此，应该主动采取有效措施去消除误会。首先要向对方解释清楚；还可以选择适当时机，找朋友帮忙去消除误会；再有就是拖延，这也是消除误会的一种办法。

和訳 問37～問39までは以下の話から出題されます。
いわゆる誤解というものは、他人のあなたに対する主観とあなたの実際の状況が違っていることです。一般的に、誤解とは無意識のうちに生じ、認識における1つの錯覚であることが多いのです。他人との間で、いったん誤解が生じると苦痛や悩みをもたらし、時には悲劇が起きてしまうこともあります。ですから、誤解を解くために自ら行動するべきなのです。まず相手にはっきりと説明しましょう。また適切なタイミングで誰かに頼んで誤解を解いてもらうこともよいでしょう。さらに時間を置くことも誤解を解く1つの方法です。

37 正解［A］

選択肢
A 认识上的一种错觉
B 考验人的一种方法
C 认识人的一种途径
D 认识上的一种规律

和訳
A 認識における1つの錯覚だから
B 人に試練を与える1つの方法だから
C 人と知り合える1つの手段だから
D 認識における1つの法則だから

放送内容 人跟人之间为什么会产生误会?

和訳 **他人との間で、どうして誤解が生じるのですか？**

38 正　解 [B]

選択肢 A 能增进友谊
B 会造成痛苦
C 可更加团结
D 会努力工作

和　訳 A 友情が深まる
B 苦痛をもたらす
C より団結できる
D 努力して仕事をする

放送内容 人跟人之间有了误会，一般会产生什么负面影响?

和訳 他人との間で誤解があると、一般的にどのようなデメリットが生じますか？

39 正　解 [D]

選択肢 A 产生误会的时间
B 产生误会的原因
C 产生误会的后果
D 消除误会的办法

和　訳 A 誤解が生じる時間
B 誤解が生じる原因
C 誤解が生じた結末
D 誤解を解く方法

放送内容 这段话主要谈的是什么?

和訳 この話は主に何について述べていますか？

放送内容 第40到42题是根据下面一段话：
一位白发苍苍的科学家认为，他在幼儿园学到的“把自己的东西分一半给小伙伴”、“认真观察大自然”等好习惯，是他一生中学到的最重要的东西。良好的习惯使他终生受益，并且最后荣获国家科学发明奖。
我们应该知道，一个人的习惯对他的一生具有很大作用。实际上，一个人的儿童时代，正是培养多种习惯的最关键时期。老人们说的“三岁看大、七岁看老”就是这个意思。所以，我们一定要注意培养儿童的良好习惯，如爱劳动、爱科学、敬老人和感恩等。
让我们记住吧，好习惯使人终生受益。

和訳 問40～問42までは以下の話から出題されます。
白髪を蓄えたある科学者は、「自分の物を友人に半分分け与える」「自然をよく観察する」などの幼稚園で身につけたよい習慣は、一生で覚えた最も大切なものだったと言いました。よい習慣はその後の人生でも役に立ち、さらに彼は国家科学発明賞まで受賞しました。
一生を通じて人の習慣は大きな役割を果たすということを我々は知るべきです。そして、子供時代は多くの習慣をつける一番大切な時期なのです。お年寄りが言う「三つ子の魂百まで」とはこういうことです。ですから大人は、勤勉さとか、科学を好きになるとか、お年寄りを敬うとか感謝するといったよい習慣を、子供が身につけられるようにしなければなりません。
よい習慣は一生役に立つということを覚えておきましょう。

40 正解［B］

選択肢
A 感恩
B 好习惯
C 爱科学
D 爱学习

和訳
A 恩に感謝すること
B よい習慣
C 科学を好きになること
D 勉強を好きになること

放送内容 那位老科学家在幼儿园学到了什么?

和訳 その年配の科学者は幼稚園の時に何を身につけたのですか？

41 正解 [D]

選択肢
A 三岁
B 七岁
C 幼儿园
D 儿童时代

和訳
A 3歳
B 7歳
C 幼稚園
D 小児期

放送内容 说话人认为好习惯应从什么时候开始培养?

和訳 話し手はよい習慣とはいつから育成すべきと考えておりますか？

42 正解 [D]

選択肢
A 什么是发明奖
B 什么是好习惯
C 应该从小立大志
D 好习惯使人终生受益

和訳
A 発明賞とは何か
B よい習慣とは何か
C 幼児期から大志を抱くべきだ
D よい習慣は一生役に立つ

放送内容 这段话主要谈的是什么?

和訳 この話は主に何について述べていますか？

放送内容 第43到46题是根据下面一段话：
生活中，夫妻之间免不了因为一些事情而争吵。但有研究表明，和爱人争吵半个小时，起码要花一天的时间来恢复身体的反应能力。对于那些经常争吵一个半小时的夫妻来说，恢复的时间还要加倍。有些社会学家做过实验，实验结果表明：需要用五件积极的事情，才能消除掉一件负面事情产生的阴影。
婚姻专家表示，要想维持婚姻幸福，其中的秘密在于夫妻双方要接受共同的观点：要自发地学会道歉。原因很简单，因为你希望对方幸福快乐。如果你不能学会向对方道歉，那么，你不会忠于你同任何人的关系，尤其是婚姻。

和訳 問43～問46までは以下の話から出題されます。
生活の中で、夫婦間には些細な理由から喧嘩がどうしても起きるものです。しかしある研究によると、配偶者と30分喧嘩をしただけで、落ち着きを取り戻すのに少なくとも1日かかるといいます。しょっちゅう1時間半も喧嘩をしている夫婦は、その3倍くらいの時間が必要です。社会学者の実験によると、プラスの出来事が5つないと、マイナスの出来事1つによる影響を消すことができないそうです。
結婚コンサルティングは、結婚生活を幸せに保ちたければ、夫婦の双方が同じ観点、すなわち自分から謝ることを身につけることが必要だといいます。その理由はとても単純で、あなたは相手の幸せを願っているからだといいます。それができなければ、あらゆる人との関係、特に結婚生活はうまくいかないでしょう。

43　正　解［B］

選択肢　A　一两天
B　三四天
C　七八天
D　近十天

和　訳　A　1～2日
B　3～4日
C　7～8日
D　約10日

放送内容 经常争吵一个半小时的夫妻，恢复时间可能要多久？

和訳 しょっちゅう1時間半喧嘩している夫婦で、落ち着きを取り戻すにはどのくらいの時間がかかると思われますか？

44 正 解 [C]

選択肢 A 三件　　B 四件
C 五件　　D 六件

和 訳 A 3つ　　B 4つ
C 5つ　　D 6つ

放送内容 多少件积极事情才能消除一件负面事情的影响?

和訳 いくつのプラスの出来事がマイナスの出来事1つを消去できますか？

45 正 解 [A]

選択肢 A 学会主动道歉　　B 尽量关心对方
C 经常说我爱你　　D 不要为小事争吵

和 訳 A 自ら謝ることを身につけること
B できるだけ相手に関心を持つこと
C よく愛を囁くこと
D 些細なことで喧嘩をしないこと

放送内容 怎样做才能维持婚姻幸福?

和訳 どのようにしたら結婚生活を幸せに保つことができますか？

46 正 解 [D]

選択肢 A 夫妻不应该争吵　　B 婚姻生活的问题
C 负面事情的危害　　D 主动道歉的重要性

和 訳 A 夫婦は喧嘩をすべきでない
B 結婚生活の問題
C マイナスの出来事の害
D 自ら謝ることの重要性

放送内容 这段话主要讨论了什么?

和訳 この話は主に何について述べていますか？

放送内容 47到50题是根据下面一段话：
在中国，每年过春节的时候，许多人都爱用燃放鞭炮来增添节日的欢乐气氛。这在各地成了一种习惯，已延续了很长的时间。这种习俗虽然使节日气氛显得浓厚，但也往往带来不少问题。
鞭炮的原料是火药，用火点燃后，它一边迅速燃烧、爆炸，喷出五颜六色的火焰，一边产生大量的有害气体和各种金属氧化物的粉尘，造成空气污染。而且燃放鞭炮时，猛烈的爆炸声是一种城市噪音，甚至成为严重的公害。尤其在除夕之夜临近午夜时，鞭炮声此起彼伏，整个城市硝烟弥漫，好像进入了战场。这时，儿童、老人和患有心脏病的人很容易受到惊吓，其他人也无法好好休息。
鞭炮的危害还不止这些。鞭炮在制作、运输和燃放的过程中，只要稍有不慎，就会爆炸、起火，酿成火灾，造成伤亡事故。

和訳 問47～問50までは以下の話から出題されます。
中国では、毎年春節の時期、多くの人が爆竹を鳴らして祭りの楽しい雰囲気を盛り上げるのが好きです。これは各地で習慣になっており、長い期間続いています。この習慣はお祭りムードを高めるのによいのですが、往々にして多くの問題ももたらします。
爆竹の原料は火薬であり、火をつけると瞬く間に燃え上がって爆発し、色鮮やかな火花を噴き出しながら、大量の有害気体と各種金属の酸化した粉塵を撒き散らし、空気を汚染します。また、爆竹を鳴らす時の、けたたましい爆発音が街の騒音となり、これがさらに大きな公害となっています。特に大晦日の夜、午前零時が近づくと、爆竹の音があちこちから聞こえてきて、街中が煙に覆われ、まるで戦場のようになります。このとき、子供や高齢者、心臓病の人はショックを受けやすく、そうでない人もゆっくり休むことなどできません。
爆竹の害はこれにとどまりません。爆竹は製造、運送または火をつける時にも、ちょっとした不注意ですぐに爆発し、発火して火事になり、死傷事故を起こしてしまいます。

47 正解［B］

選択肢
A 元旦
B 春节
C 清明节
D 元宵节

和訳
A 元旦
B 春節
C 清明節
D 元宵節

放送内容 在中国，人们往往在哪个节日燃放鞭炮?

和訳 **中国では、人々はいつも何の祝祭日に爆竹を放ちますか？**

48 正解［C］

選択肢 A 给商家一次赚钱机会
B 给节日增添一些麻烦
C 增添节日的欢乐气氛
D 起到警示敌人的作用

和訳 A 商売人にお金を稼ぐ機会を与えるため
B 祝祭日に厄介なことを起こすため
C 祝祭日の気分をより高めるため
D 敵に対して警告の表示を知らせるため

放送内容 中国人燃放鞭炮的目的是什么？

和訳 **中国人が爆竹を放つ目的は何ですか？**

49 正解［C］

選択肢 A 增加噪音污染
B 造成伤亡事故
C 浪费大量钱财
D 造成空气污染

和訳 A 騒音が増加すること
B 死傷事故が起こること
C 多額の金が無駄になること
D 空気汚染を引き起こすこと

放送内容 根据这段话，下列哪项不是燃放鞭炮所造成的危害？

和訳 **この話から、爆竹を鳴らすことによる害に含まれない項目は以下のどれですか？**

50 正　解［**D**］

選択肢
A 应尊重放鞭炮的习俗
B 放鞭炮不利老人健康
C 放鞭炮对儿童的影响
D 不提倡燃放烟花爆竹

和　訳
A 爆竹を放つ習慣を尊重すべきだ
B 爆竹を放つことはお年寄りの健康によくない
C 爆竹を放つことは子供に影響する
D 花火や爆竹を放つことは提唱しない

放送内容 这段话的主要内容是什么?

和訳 この話の主な内容は何ですか？

放送内容 **听力考试现在结束。**

和訳 **聴解試験はこれで終了です。**

（五）听　力

第一部分

第1-15题：请选出与所听内容一致的一项。

1. A 生活垃圾属于有害垃圾　B 市民对垃圾分类了解不多
   C 没有关于垃圾分类的宣传　D 生活垃圾中不包括可回收垃圾

2. A 人生不需要奋斗　B 人生不如意的事很多
   C 人生中失败和成功一样多　D 人生中没有失败和不如意

3. A 桃花节在天津举办　B 桃花节将吸引很多游客
   C 本次桃花节是第十二届　D 本次桃花节4月17日结束

4. A 冷冻蔬菜没有营养　B 不要吃冷冻的蔬菜
   C 烹调的方法和技艺很重要　D 新鲜蔬菜比冷冻蔬菜更有营养

5. A 惊蛰是夏天的节气　B “惊”是“惊醒”的意思
   C “惊蛰”是一个节日的名字　D 惊蛰是二十四节气中的第二个

6. A 偏见不常见　B 不是每个人都有偏见
   C 导致偏见形成的原因很多　D 生活中的冲突与偏见无关

7. A 人生的目的在于享乐　B 经常享受快乐可以长寿
   C 人要懂得享受人生中的快乐　D 在艰苦的环境下不能享受快乐

8. A 拒绝的结果都不好　B 人们不在乎别人的拒绝
   C 生活中不应该拒绝别人　D 拒绝的方式、方法很重要

9. A 今天夜间会降雪　B 本次降温幅度不大
   C 本次降温是寒流引起的　D 本市入冬后已下过一场雪

10. A 丈夫很愿意洗碗　B 儿子很听爸爸的话
    C 儿子不认同爸爸的话　D 让儿子洗碗是为了锻炼他

11. A 第一印象不是很重要　B 人们不重视第一印象
    C 第一印象永远不能改变　D 良好的第一印象有助交际

12. A 职场中，男性的特长很少
B 现代女性在追求更大的成功
C 职场中的女性总比男性做得好
D 过去的女性从不参与社会生活

13. A 弟弟上一年级
B 哥哥比弟弟大三岁
C 哥哥对自己的成绩不满意
D 弟弟认为第十名比第九名好

14. A 鸭嘴兽是爬行动物
B 鸭嘴兽是原始动物
C 鸭嘴兽是特殊的哺乳动物
D 爬行动物由哺乳动物进化而来

15. A 孟子是春秋时期的思想家
B 孟子和荀子的观点是一致的
C 荀子是“性善论”的提出者
D “性善论”认为人的本性是好的

第二部分

第16-30题：请选出正确答案。

16. A 校园广播中　B 经济节目中
    C 娱乐比赛中　D 新闻节目中

17. A 学习成绩不好　B 父母要求换专业
    C 对计算机更感兴趣　D 经济专业不容易就业

18. A 看电影光盘　B 在网上听音乐
    C 跟同学打篮球　D 跟朋友聊 MSN

19. A 没有找到女朋友　B 没有拿到奖学金
    C 没有参加课外竞赛　D 失去锻炼交际的机会

20. A 多参加体育、娱乐活动　B 多参加国际上的各种竞赛
    C 多花时间学习计算机程序　D 多参加学生社团和社会实践

21. A 6 月 10 日　B 6 月 14 日
    C 7 月 10 日　D 7 月 14 日

22. A 周末　B 节假日
    C 工作日　D 世界献血日

23. A 200 人　B 2000 人
    C 3900 人　D 39 万人

24. A 18 到 35 岁　B 20 到 35 岁
    C 18 到 55 岁　D 20 到 55 岁

25. A 成年人　B 青年人
    C 中年人　D 老年人

26. A 反对　B 无奈
    C 赞成　D 无所谓

27. A 第一篇作品　　B 第二篇作品
C 女人的作品　　D 最后一篇作品

28. A 一半是真的一半是假的　　B 既不是真的也不是假的
C 在虚构的基础上进行加工　　D 在真实的基础上进行加工

29. A 很有思想性　　B 没有思想性
C 非常有趣味　　D 问题有很多

30. A 讽刺小说容易发表　　B 批评比同情更重要
C 作家不喜欢赞美别人　　D 讽刺的风格受读者喜爱

第三部分

第31-50题：请选出正确答案。

31. A 年轻人的眼睛瞎了　B 年轻人认为自己穷
　C 年轻人没有钱吃饭　D 年轻人很快会死去

32. A 很富有　B 很贫穷
　C 很聪明　D 很孤独

33. A 人的生命值一千万块钱　B 不能发财是因为运气不好
　C 不满足的人才能获得成功　D 健康和生命比金钱更重要

34. A 吸旧烟　B 直接吸烟
　C 被动吸烟　D 吸手中的烟

35. A 4月7日　B 4月8日
　C 5月7日　D 5月31日

36. A 赞成　B 反对
　C 无所谓　D 未表明

37. A 年龄　B 性别
　C 国籍　D 饮食

38. A 红色　B 绿色
　C 蓝色　D 灰色

39. A 还没有准确答案　B 受太阳照射产生的
　C 身体与空气发生反应　D 由人体中的电形成的

40. A 想请教晏子　B 想考考晏子
　C 想让晏子丢脸　D 看晏子是否聪明

41. A 说明环境会改变人　B 说明气候会影响植物
　C 说明北方的橘子不好吃　D 说明橘子和其他水果不同

42. A 尴尬　　B 开心
C 伤心　　D 激动

43. A 立冬　　B 冬至
C 小雪　　D 大雪

44. A 9 天　　B 27 天
C 81 天　　D 90 天

45. A 吃饺子　　B 贴年画
C 唱“九九歌”　　D 画“九九消寒图”

46. A 如何计算“九九”　　B 介绍“九九消寒图”
C 中国的“九九”及风俗　　D 介绍“九九”和冬至的关系

47. A 做美容　　B 晒太阳
C 多运动　　D 吃蔬果

48. A 二者一样　　B 文中未说明
C 坚持实验中饮食方法之前的照片　　D 坚持实验中饮食方法之后的照片

49. A 有助于获得健康肤色　　B 吸收体内的有害物质
C 对免疫系统很有好处　　D 有效预防癌症等疾病

50. A 可以长寿　　B 改善心情
C 让人聪明　　D 使肤色健康

第5回	第一部分	問題 P.178	0501.mp3

放送内容
大家好！欢迎参加HSK（六级）考试。
大家好！欢迎参加HSK（六级）考试。
大家好！欢迎参加HSK（六级）考试。
HSK（六级）听力考试分三部分，共50题。
请大家注意，听力考试现在开始。

和訳
こんにちは。HSK6級テストへようこそ。
こんにちは。HSK6級テストへようこそ。
こんにちは。HSK6級テストへようこそ。
HSK(6級)聴解試験は3部分あり、合計50問です。
ただ今から聴解試験を始めます。注意して聞いてください。

放送内容
第一部分
第1到15题，请选出与所听内容一致的一项。现在开始第1题：

和訳
第1部分
問1～問15について、放送内容にあてはまる項目を1つ選んでください。ただ今から問1を始めます

問題用紙
第1-15题：请选出与所听内容一致的一项。

和訳
問1～問15：放送内容にあてはまる項目を1つ選んでください。

01 正解 [B]

選択肢
A 生活垃圾属于有害垃圾
B 市民对垃圾分类了解不多
C 没有关于垃圾分类的宣传
D 生活垃圾中不包括可回收垃圾

和訳
A 生活ゴミは有害ゴミだ
B 市民はゴミ分別についてよく分からない
C ゴミ分別についての宣伝がない
D 資源ゴミは生活ゴミには含まれない

放送内容 目前北京的“生活垃圾分类计划”中将生活垃圾分为四类，即可回收垃圾、厨房垃圾、有害垃圾和其他垃圾。有市民说：“尽管听过相关的宣传，但是具体到哪些垃圾应属于哪个类别，很多细节都不是很明白。”

和訳 現在北京では生活ゴミを「資源ゴミ」「生ゴミ」「有害ゴミ」「その他のゴミ」の4つに分ける「生活ゴミ分別計画」が持ち上がっているが、「宣伝は聞いたことがあるけれど、具体的にどんなゴミがどこに分別されるのか、細かいことがよく分からない」と言う市民もいます。

02 正解 [B]

選択肢
A 人生不需要奋斗
B 人生不如意的事很多
C 人生中失败和成功一样多
D 人生中没有失败和不如意

和訳
A 人生で頑張る必要はない
B 人生では思い通りにならないことがたくさんある
C 人生において失敗と成功は同じくらい多い
D 人生において失敗と思い通りにならないことはない

放送内容 在人生历程中，不如意的事十之八九；在通往成功的路上，失败也在所难免。但是，如果没有不如意的事，如果没有失败，人生哪里还需要奋斗？

和訳 人生において、ほとんどのことは思い通りになりません。成功への道のりにも失敗はつきものです。しかし全てが思い通りにいって失敗もなければ、人生で頑張る意味などあるでしょうか？

03 正　解 [B]

選択肢 A 桃花节在天津举办
B 桃花节将吸引很多游客
C 本次桃花节是第十二届
D 本次桃花节4月17日结束

和　訳 A 桃花祭は天津で開催される
B 桃花祭はたくさんの観光客が訪れるであろう
C 今回の桃花祭は12回目である
D 今回の桃花祭は4月17日に終了する

放送内容 “北京平谷国际桃花节”至今已成功举办了十三届。今年的桃花节将于4月17日开幕，整个桃花节共持续21天，跨越了“五一”小长假。预计“五一”期间，将有大批游客前来观赏。

和訳 「北京平谷国際桃花祭」は今まで既に13回無事に開催しました。今年の桃花祭は4月17日に始まって21日間続き、5月1日の連休を挟んでいます。連休中には、たくさんの観光客が花見に訪れるでしょう。

04 正　解 [C]

選択肢 A 冷冻蔬菜没有营养
B 不要吃冷冻的蔬菜
C 烹调的方法和技艺很重要
D 新鲜蔬菜比冷冻蔬菜更有营养

和　訳 A 冷凍野菜は栄養がない
B 冷凍した野菜は食べてはならない
C 調理方法と調理技術が重要だ
D 新鮮な野菜は冷凍野菜よりもさらに栄養がある

放送内容 新鲜蔬菜比冷冻蔬菜更有营养吗？科学实验证明，冷冻蔬菜与新鲜蔬菜的营养价值是相等的。如果存在差异，也是因为烹调方法和技艺的不同。

和訳 新鮮な野菜は冷凍野菜より栄養があるのでしょうか？　実験によると、冷凍野菜と新鮮な野菜の栄養価は同等だといいます。もしあるならば、それは調理法と調理技術の違いによるものです。

05 正 解 [B]

選択肢 A 惊蛰是夏天的节气
B “惊”是“惊醒”的意思
C “惊蛰”是一个节日的名字
D 惊蛰是二十四节气中的第二个

和 訳 A 啓蟄は夏の節気である
B「惊」は「惊醒」の意味である
C 啓蟄はある祝祭日の呼び名である
D 啓蟄は二十四節気のうち第二節気である

放送内容 每年的3月5日或6日是中国的“惊蛰”节气。“惊蛰”的意思是天气回暖，春雷始鸣，惊醒了在地下冬眠的昆虫。惊蛰是二十四节气中的第三个节气，也是春天的一个重要节气。

和訳 毎年3月5日または6日は中国の「啓蟄」の節気です。「啓蟄」とは暖かくなり、春の雷が鳴り始め、地下で冬眠していた昆虫が驚いて目を覚ますということです。啓蟄は二十四節気のうち第三節気であり、春の重要な節気でもあります。

06 正 解 [C]

選択肢 A 偏见不常见
B 不是每个人都有偏见
C 导致偏见形成的原因很多
D 生活中的冲突与偏见无关

和 訳 A 偏見はめったにない
B 全ての人が偏見を持っているわけではない
C 偏見の形成は多くの原因から引き起こされる
D 生活の中で起きる揉め事は偏見と関係がない

放送内容 偏见非常普遍，每个人都多少会有一些偏见。偏见来自于不同人之间背景、视角等的差异。生活中大大小小的冲突、矛盾、摩擦多多少少都与偏见有关。

和訳 偏見というのはどこにでも、誰にでも多かれ少なかれあるものです。偏見は各人の事情やものの見方などの違いからきます。生活の中で起きる大小さまざまなな揉め事、矛盾、摩擦というのは、ある程度偏見と関係しています。

07 正　解［C］

選択肢
A 人生的目的在于享乐
B 经常享受快乐可以长寿
C 人要懂得享受人生中的快乐
D 在艰苦的环境下不能享受快乐

和　訳
A 人生の目的は享楽にふけることにある
B 常に楽しみを味わうことで長生きできる
C 人生の楽しさを味わうことができる
D 苦しい環境のもとでは、楽しみを味わうことができない

放送内容 生命的旅途是非常短的，能够乐观、适时地享受生命中的各种乐趣，也是延伸生命的一种方法。能够享受快乐的人，无论在怎样艰苦的环境下，都能找到乐趣。

和訳 人の命は短い。楽観的にかまえて、その時々で人生の楽しみを味わうことは、長生きする方法でもあります。こういうことができる人は、どんなに苦しい環境にいても、その中から楽しみを見つけることができます。

08 正　解［D］

選択肢
A 拒绝的结果都不好
B 人们不在乎别人的拒绝
C 生活中不应该拒绝别人
D 拒绝的方式、方法很重要

和　訳
A 拒否した結果はどれもよくないものだ
B 人は他人が拒否したことを気にしていない
C 生活において、他人を拒否すべきではない
D 拒否の方法は極めて重要である

放送内容 在生活中，拒绝是令人遗憾的，但也是在所难免的。拒绝要讲究方式、方法，如果方法不对，就会使人感到很没面子，甚至会造成误解，使对方怀恨在心。

和訳 生活していく上で、拒否というのは相手に残念に思われることですが、避けられないことでもあります。拒否する時はその時にあった相応しい方法を選ばないと、相手のメンツをつぶし、時には誤解されたり、恨まれたりすることもあります。

09 正解 [C]

選択肢 A 今天夜间会降雪
B 本次降温幅度不大
C 本次降温是寒流引起的
D 本市入冬后已下过一场雪

和訳 A 今晩は雪が降るだろう
B 今回の気温の低下は大きくない
C 今回の気温の低下は寒気によってもたらされた
D 市内では今年の冬、既に雪が降ったことがある

放送内容 受寒流影响，从今天夜间到明天白天，我市将出现大风降温天气，部分地区降温达10到15摄氏度。大风过后，还将出现一次降雪过程，这也是我市入冬以来迎来的第一场降雪。

和訳 寒気の影響で、今夜から明日の昼間にかけて、市内では強い風が吹き気温が下がるでしょう。一部の地区では気温は摂氏10度から15度になる模様です。大風の後は、雪が降るでしょう。市内では今年の冬になって初めての雪です。

10 正解 [C]

選択肢 A 丈夫很愿意洗碗
B 儿子很听爸爸的话
C 儿子不认同爸爸的话
D 让儿子洗碗是为了锻炼他

和訳 A 夫は喜んで食器を洗う
B 息子は父の話をよく聞く
C 息子は父の話に同意しない
D 息子を鍛えるために、食器を洗わせる

放送内容 妻子要丈夫帮她洗碗，丈夫不好意思拒绝，就把儿子叫到面前说："孩子，现在让你练习洗碗，以后可以帮太太的忙。"儿子不以为然地说："不必，以后我可以叫我儿子洗。"

和訳 妻から食器を洗うのを手伝ってくれと言われて、夫は断ることもできず、息子を呼んで「おい、食器洗いの練習だ。将来嫁さんを手伝えるようにしてやる」と言いました。息子は不満げに「いや、（将来の）息子にやらせるからいいよ」と言いました。

11　正　解 [D]

選択肢　A 第一印象不是很重要
B 人们不重视第一印象
C 第一印象永远不能改变
D 良好的第一印象有助交际

和　訳　A 第一印象はそれほど重要ではない
B 人は第一印象を重視しない
C 第一印象は永遠に変えることができない
D よい第一印象は人との付き合いに役立つ

放送内容 初次见面是人际交往的开始，第一印象非常重要，因为第一印象一旦在人们心里形成，就成为今后人际交往的依据，很难再改变。所以，良好的第一印象会使今后的交往变得容易。

和訳 出会いは付き合いの始まり、第一印象はとても重要です。第一印象は一度形成されると、その後の付き合いの基になり、変えることは難しいからです。よい第一印象はその後の付き合いをスムーズにするでしょう。

12　正　解 [B]

選択肢　A 职场中，男性的特长很少
B 现代女性在追求更大的成功
C 职场中的女性总比男性做得好
D 过去的女性从不参与社会生活

和　訳　A 職場において男性の特徴は極めて少ない
B 現代の女性はさらなる成功を求めている
C 職場内での女性は、いつも男性よりも仕事ができる
D これまで女性は社会生活に参加したことがなかった

放送内容 在现代社会，女性越来越多地参与到社会生活中来，女性对成功的期望值也在不断提高。在职场中，女性越来越显示出她们的特长，甚至有时比男性做得还要好。

和訳 現代社会において、社会に進出する女性は増えており、女性の成功に対する期待も高まり続けています。職場において、女性は女性としての特徴を発揮するようになり、時には男性よりよい仕事をすることもあります。

13 正　解 [D]

選択肢 A 弟弟上一年级
B 哥哥比弟弟大三岁
C 哥哥对自己的成绩不满意
D 弟弟认为第十名比第九名好

和　訳 A 弟は1年生だ
B 兄は弟より3歳上だ
C 兄は自分の成績に不満足だ
D 弟は10位が9位よりいいと思っている

放送内容 弟弟四岁时，哥哥八岁，刚上一年级。一次，哥哥高兴地告诉大家："期末考试我考了第九名。"弟弟不服气地说："才考第九啊，等我上学了非考第十不可!"

和訳 弟が4歳の時、兄は8歳で、1年生になったばかりでした。ある時、兄が上機嫌でみんなに「期末テストで9位をとったぞ」と言いました。弟は不満げに「9位か！　じゃ、僕は学校に上がったら10位になってやる」と言いました。

14 正　解 [C]

選択肢 A 鸭嘴兽是爬行动物
B 鸭嘴兽是原始动物
C 鸭嘴兽是特殊的哺乳动物
D 爬行动物由哺乳动物进化而来

和　訳 A カモノハシは爬虫類である
B カモノハシは原始動物である
C カモノハシは特殊な哺乳類である
D 爬虫類は哺乳類から進化したものである

放送内容 鸭嘴兽是现存最原始的哺乳动物，它既有哺乳动物的特征，又有爬行动物的特征。鸭嘴兽的存在证明了哺乳动物是由爬行动物进化而来的。

和訳 カモノハシは現存する最も原始的な哺乳類で、哺乳類と爬虫類の特徴を兼ね備えています。カモノハシの存在は哺乳類が爬虫類から進化してきたことを証明するものです。

15 正解 [D]

選択肢 A 孟子是春秋时期的思想家
B 孟子和荀子的观点是一致的
C 荀子是“性善论”的提出者
D “性善论”认为人的本性是好的

和　訳 A 孟子は春秋時代の思想家である
B 孟子と荀子の観点は一致していた
C 荀子は「性善説」の提唱者だ
D「性善説」は人の本質は善であるとした

放送内容 “人之初，性本善”，这句话反映了战国时期孟子“性善论”的思想。孟子认为，人的本性是善良、美好的。不过，也有人认为人的本性是邪恶的，如荀子就主张“性恶论”。

和訳「人之初、性本善」。この言葉は戦国時代の孟子の「性善説」の思想を表すものです。孟子は、人はもともと善良ですばらしいものであるとしました。しかし、人の本質は邪悪だとした人もいます。荀子の主張した「性悪説」などがその例です。

第5回	第二部分	問題 P.180	0502.mp3

放送内容 **第二部分**
第16到30题：请选出正确答案。现在开始第16到20题：

和訳 **第2部分**
問16～問30：正しい答えを選んでください。ただ今から問16～問20を始めます。

問題用紙 **第16-30题：请选出正确答案。**

和訳 **問16～問30：正しい答えを選んでください。**

放送内容 第16到20题是根据下面一段采访：

女：各位老师、同学，大家好。这一期的“校园直播间”又跟大家见面了。今天，我们请到的是我校计算机系07级本科生陈飞同学。陈飞同学曾于去年荣获“国际大学生数学建模竞赛”一等奖，连续两次荣获“全国计算机程序设计比赛”特等奖。现在，就让我们走近这位“程序专家”。陈飞同学，你好。

男：你好。

女：我听说，你最早学的是经济专业，而且成绩也不错。为什么大二时转到计算机系了呢？

男：我觉得我一直都是跟着自己的“兴趣”走的。大一时，我学习了计算机程序设计这门课，突然对编写程序特别感兴趣。虽说经济专业以后的就业前景会好些，但我还是希望追求自己更感兴趣的东西。

女：那么对于转专业，你的父母支持你吗？

男：当然啦，我父母一直都很尊重我的选择，他们也希望我能去做喜欢的事情。

女：众所周知，成功是靠汗水换来的。你能取得这样的成绩，一定付出了常人难以想象的努力。那么，在你的生活中，是不是绝大部分时间都花在学习上？

男：其实我还是很享受生活的。假期的时候，我也会经常租电影光盘，有时一看就是一夜。我还喜欢在网上听流行音乐，跟朋友聊MSN，也会偶尔写写博客。平时如果有NBA比赛，我一般也不会错过。不过，说到课外生活，我还是多少有些遗憾的。

女：是吗？可以跟大家透露一下吗？

男：我这个人性格上偏内向，平时花在学习上的时间比较多，所以大学四年，我失去了很多锻炼自己人际交往能力的机会。在这里，我想告诉学弟、学妹们：如果有机会，一定要多参加一些学生社团和社会实践，这是很不错的锻炼机会，能够收获到一些在学习中得不到的经验和快乐。

和訳 問16～問20までは以下のインタビューから出題されます。

女：皆さん、こんにちは。「キャンパス生放送」は皆さんとまたお会いすることができました。今日は我が校のコンピューター専攻07年入学本科生の陳飛さんをお招きしました。陳さんは去年、「国際大学生数学モデリングコンテスト」で1等を取り、2回連続で「全国コンピュータープログラミングコンテスト」で特賞を受賞しました。今日は、この「プログラマー」陳さんの素顔に迫ってみましょう。陳さん、こんにちは。

男：こんにちは。

女：最初は経済専攻で、しかも成績もよかったそうですが、どうして2年生の時にコンピューター専攻に転部したんですか？

男：僕はずっと自分の興味に従ってきたと思っています。1年生の時、コンピューターのプログラミング設計の授業をとって、突然プログラミングっておもしろいと思ったんです。経済専攻はこれからの就職に強いとは言われましたが、やっぱり自分がおもしろいと思ったものをやりたくて。
女：転部することに、ご両親は賛成されたんですか？
男：もちろん。両親はずっと僕の選択を尊重してくれて、好きなことをやればいいと思ってくれています。
女：よく成功は汗水と引き替えと言われますが、このようなよい成績を残すためには、きっと普通の人が考えられないほどの努力をされたんでしょうね。毎日の時間のほとんどを勉強に費やしているんじゃないですか？
男：僕は実は、生活を楽しんでいるのです。休み中は、よく映画のDVDを借りて、一晩中見ていることもあります。それからインターネットで流行の音楽を聴いたり、友達とMSNでおしゃべりをしたり、ブログも時々書きますし、いつもNBAの試合があれば見逃すことはしませんね。けれど校外の生活については、やっぱりやり残したと思うこともあります。
女：そうなんですか？　聞いてもいいですか？
男：僕は内向的な方で、いつも勉強ばかりしていて、大学の4年間で、コミュニケーション能力を鍛える機会を逃してしまったんじゃないかと思って。後輩の皆さんには、機会があれば、学生同士の集まりや社会活動に参加してみてほしいです。勉強からは得られない経験とおもしろいことができるよい機会ですよ。

16　正 解 [A]

選択肢　A　校园广播中
B　经济节目中
C　娱乐比赛中
D　新闻节目中

和 訳　A　校内放送
B　経済番組
C　娯楽コンテスト
D　ニュース番組

放送内容 这个采访节目最可能在哪里播出？

和訳 **このインタビュー番組はどこで放送されていると思われますか？**

17 正解 [C]

選択肢
A 学习成绩不好
B 父母要求换专业
C 对计算机更感兴趣
D 经济专业不容易就业

和訳
A 学業成績が悪かったから
B 両親が変わるようにと要求したから
C コンピューターにより興味があったから
D 経済専攻では就職が難しいから

放送内容 男的为什么转专业?

和訳 男性はどうして専攻を変えたのですか？

18 正解 [C]

選択肢
A 看电影光盘
B 在网上听音乐
C 跟同学打篮球
D 跟朋友聊MSN

和訳
A DVDで映画を見る
B インターネットで音楽を聴く
C 同級生とバスケットボールをする
D 友達とMSNでおしゃべりをする

放送内容 下列哪项不是男的的课外爱好?

和訳 以下の項目で男性の校外での趣味に当てはまらないものはどれですか？

19 正解［D］

選択肢
A 没有找到女朋友
B 没有拿到奖学金
C 没有参加课外竞赛
D 失去锻炼交际的机会

和訳
A 彼女がいなかったこと
B 奨学金を得ることができなかったこと
C 課外活動に参加しなかったこと
D コミュニケーション能力を鍛える機会を逃してしまったこと

放送内容 男的在大学中的遗憾是什么?

和訳 男性は大学在籍中で、やり残したと思うことは何ですか？

20 正解［D］

選択肢
A 多参加体育、娱乐活动
B 多参加国际上的各种竞赛
C 多花时间学习计算机程序
D 多参加学生社团和社会实践

和訳
A スポーツや娯楽イベントにたくさん参加すること
B 国際的な各種コンテストにたくさん参加すること
C コンピュータープログラムの学習に多めの時間を費やすこと
D 学生同士の集まりや社会活動にたくさん参加すること

放送内容 男的给学弟、学妹们的建议是什么?

和訳 男性は後輩たちにどういったアドバイスをしていますか？

放送内容 第21到25题是根据下面一段采访：

男：各位听众，大家好。今天是6月10日星期三，欢迎大家收听我们的节目。一年一度的“世界献血日”马上就要到了，今天我们请来了市血液中心的张主任，请她来跟我们聊聊献血的话题。张主任，您好！

女：主持人好！各位听众好！

男：6月14日是“世界献血日”，每年的这一天，很多单位和个人都要到市内各个献血站参加献血活动，是这样吗？

女：是的。据我们统计，每年的献血日这一天，参加献血的人数是最多的。另外，随着献血宣传的推进，在各个节假日里参加献血的市民也不少。

男：我们知道，在过去，人们对献血还存在很多误解，认为献血会对献血者的身体造成损害。现在，这种情况是否得到了改善呢？

女：近十几年，全国各卫生部门都在通过各种渠道宣传献血的好处。献血不但可以挽救他人的生命，而且还对献血者自身的身体健康有好处。这些宣传活动澄清了大众对献血的误解，因此，近年来参加献血的人数也在逐年上升。以北京为例，1999年，北京参加义务献血的人数大概是2000多人；而到2009年则达到了39万人，几乎是十年前人数的200倍。可见，义务献血的观念已经被大众所接受。

男：根据我国相关规定，凡是年龄在18到55岁之间的公民都可以参加义务献血。但实际上我们发现，在这些献血者中，大部分都是20到35岁的青年人。为什么会出现这种现象呢？

女：我认为这种情况的出现，说明了我们在青年人范围内的宣传做得比较好，各级学校、单位在宣传和组织义务献血的过程中起到了重要的作用。另外，青年人思想开放，具有较高的科学文化水平，易于接受新事物，身体健康状况也比较好，这也是青年人更乐于参与献血活动的重要原因。

和訳 問21～問25までは以下のインタビューから出題されます。

男：リスナーの皆さん、こんにちは。今日は6月10日水曜日、私たちの番組へようこそ。1年に1度の「世界献血デー」がもうすぐです。今日は市の血液センター主任の張さんをお招きして、献血についてお話してもらいます。張さん、こんにちは。

女：こんにちは。

男：6月14日の「世界献血デー」には、毎年、多くの職場や個人の方が市内各地の献血ステーションで献血に協力してくださっているんですよね？

女：ええ。センターの統計によると、毎年この日に献血に協力してくださる方が最も多いんです。それに、献血の宣伝活動のおかげで、休みになると献血に協力してくださる方もたくさんいらっしゃいます。

男：以前は、献血について誤解がありましたよね。献血をすると体に悪いとか。今では、こういった状況は改善されましたか？

女：この十数年間で、各地の衛生部門はさまざまな媒体を通じて献血のよい点を伝えてきました。献血は他人の命を救えるだけでなく、献血した人の体にもよいことがあるのです。宣伝によって献血に対する間違った理解を変えていったことにより、近年では献血してくださる方の人数も年々増えています。例えば北京では、1999年には2,000人余りだったのが、2009年には39万人にもなり、10年前の200倍近くなったんです。無償献血という概念が、社会に受け入れられたということでしょう。

男：我が国の規定では、18歳から55歳までの市民は誰でも無償献血できることになっています。しかし実際には、これらの献血者のうち、大部分が20歳から35歳までの若年層だということです。どうしてでしょうか？

女：若年層での宣伝がうまくいっているということだと思います。各種学校や職場での取り組みは、無償献血の宣伝や活動において大切な役目を果たしています。それに、若い人は考え方も開放的で、教育レベルも比較的高く、新しいものごとをよく受け入れ、また体の状態もよいので、これも大きな原因でしょう。

21 正　解［B］

選択肢 A　6月10日
B　6月14日
C　7月10日
D　7月14日

和　訳 A　6月10日
B　6月14日
C　7月10日
D　7月14日

放送内容 “世界献血日” 是哪一天?

和訳 **「世界献血日」は何月何日ですか？**

22 正　解［D］

選択肢 A　周末
B　节假日
C　工作日
D　世界献血日

和　訳 A　週末
B　祝祭日
C　仕事日
D　世界献血日

放送内容 该市什么时候献血人数最多?

和訳 **当市で献血する人が最も多いのはいつですか？**

23 正 解 [D]

選択肢 A 200人
B 2000人
C 3900人
D 39万人

和 訳 A 200人
B 2000人
C 3900人
D 39万人

放送内容 北京2009年参加献血的人数是多少?

和訳 2009年の北京にて献血した人数はどのくらいいましたか？

24 正 解 [C]

選択肢 A 18到35岁
B 20到35岁
C 18到55岁
D 20到55岁

和 訳 A 18～35歳
B 20～35歳
C 18～55歳
D 20～55歳

放送内容 根据中国的规定，献血者年龄范围是多少?

和訳 中国の規定によれば、献血可能者の年齢基準はどうなっていますか？

25　正　解 [B]

選択肢　A　成年人
B　青年人
C　中年人
D　老年人

和　訳　A　成人
B　若者
C　中高年
D　お年寄り

放送内容　参加献血的大部分是什么人?

和訳　**献血する多くの方はどういった方ですか？**

放送内容 第26到30题是根据下面一段采访：

女：王先生，您好。我们想把您在网上发表的小说改编成电视剧，您同意吗？

男：那还能不同意？这就好比我们家后院扔着一堆废铁，你要拿它给我换一辆汽车。我不光同意，甚至还有点儿不敢相信呢！

女：另外，我还想问您几个问题，以便对您有更深的了解。

男：好，你随便问。

女：您发表多少篇小说了？

男：这是第二篇。我属于那种不走运的人，记得年轻时，我就希望当个作家，那时天天写稿、投稿，三十多岁了我的处女作才发表，是一个短篇小说。

女：后来还写吗？

男：又写了好几十篇，但都没有发表。到发表这篇小说时，我已经是五十岁的人了。也就是说，为发表处女作我奋斗了十多年，到发表第二篇小说我又奋斗了十多年。

女：我看您的小说，感觉它既像小说又像散文，很深刻；而且我也非常欣赏您小说的真实感。我想问您，这篇小说有多少真实的成分，有多少虚构的成分？

男：百分之百的真实，百分之百的虚构。

女：我明白了，全是真事，但进行了加工。

男：对！

女：您很注意小说的思想性吗？

男：不，我的小说绝对没有思想性。我只是想提出一些连我自己都弄不明白的想法，引起大家的注意和讨论，然后帮我解答明白。

女：我发现，您作品的风格多是讽刺和批评，很少对作品中的人物有赞美或同情，为什么呢？

男：实际上，我一直认为，批评比同情更重要。就好像一个人，他犯了错误，你批评他，他下次就不再犯错误了；可如果你只是同情他，那么他下次还会继续犯错误。所以，批评可以使人们发现社会中存在的问题，并有助于问题的解决；而同情只能使情况变得更糟。

和訳 問26～問30までは以下のインタビューから出題されます。

女：王さん、こんにちは。あなたがインターネット上で発表された小説をテレビドラマにしたいのですが、許可をいただけますでしょうか？

男：しないわけないでしょう？　裏庭に捨ててあるくず鉄を車に換えてくれるようなもんです。それどころか信じられないぐらいですよ！

女：それから、あなたのことを知りたいので、いくつか質問させていただきたいのですが…。

男：ええ、どうぞ何でも。

女：今まで発表された小説は何篇ぐらいですか？

男：これが2つ目ですよ。私はあまり運がない人間で、そう言えば若いころは作家になりたいと思っていたなあ。そのころは毎日書いては投稿を繰り返し、30歳をすぎてようやく処女作が発表されたんです。短編小説でした。

女：それからまた書かれたんですか？

男：何十作も書きましたが、どれも発表されませんでした。この小説が発表された時には、私はもう50歳になっていました。つまり処女作のために10数年も奮闘し、次のを発表するためにまた10数年も奮闘したんですよ。

女：作品を読んでみると、小説でありながらエッセイのようでもあり、そこがとても印象的でまたそのリアルなところが私も好きなのですが、この小説はノンフィクションとフィクションがそれぞれどのくらいなんですか？

男：全てがノンフィクションであり、またフィクションです。

女：ああ、ノンフィクションでも脚色してあるということなんですね？

男：ええ。

女：小説には何らかのメッセージ性が含まれているのですか？

男：いいえ、私の小説にはそうしたものなど全然ありません。ただ、自分でもよく分からない考えを書いて、読者の注目や議論を呼びたいだけなんです。それが私にとっても答えになると思うので。

女：読んでいると、作品には風刺や批判が多くて、登場人物に対する賛美や同情はほとんどないのですが、それはどうしてですか？
男：批判は同情よりずっと大切だと思っています。人間は過ちを犯しても、誰かに批判されたら、また同じことはしないでしょう。でもただ同情されるだけだったら、また同じ過ちを犯します。批判は人々を社会の問題の存在に気付かせ、解決の方向へ持っていきますが、同情はただますます悪い方向へ持っていくだけなのです。

26 正解［C］

選択肢 A 反对
B 无奈
C 赞成
D 无所谓

和訳 A 反対
B 止むを得ない
C 賛成
D どうでもいい

放送内容 听说要把小说改编成电视剧，男的是什么态度?

和訳 **小説をテレビドラマにすることを聞いた時の男性はどんな態度でしたか？**

27 正解［A］

選択肢 A 第一篇作品
B 第二篇作品
C 女人的作品
D 最后一篇作品

和訳 A 第一篇の作品
B 第二篇の作品
C 女性の作品
D 最終篇の作品

放送内容 这段对话中的“处女作”是什么意思?

和訳 **この会話での「処女作」とはどういう意味ですか？**

28 正　解 [D]

選択肢 A 一半是真的一半是假的
B 既不是真的也不是假的
C 在虚构的基础上进行加工
D 在真实的基础上进行加工

和　訳 A 半分はノンフィクションで、残り半分はフィクション
B ノンフィクションでもないしフィクションでもない
C フィクションに脚色している
D ノンフィクションに脚色している

放送内容 "百分之百的真实，百分之百的虚构"是什么意思？

和訳 「全てがノンフィクションであり、またフィクションです」とはどういう意味ですか？

29 正　解 [B]

選択肢 A 很有思想性
B 没有思想性
C 非常有趣味
D 问题有很多

和　訳 A 多くのメッセージ性がある
B メッセージ性が含まれていない
C 非常におもしろみがある
D 問題が多い

放送内容 男的认为他的小说怎么样？

和訳 男性は自分自身の小説をどう思っていますか？

30 正 解［B］

選択肢 A 讽刺小说容易发表
B 批评比同情更重要
C 作家不喜欢赞美别人
D 讽刺的风格受读者喜爱

和 訳 A 風刺小説は発表しやすいから
B 批判は同情よりももっと重要だから
C 作家が他人を誉めるのが好きではないから
D 風刺スタイルは読者に好まれるから

放送内容 男的为什么喜欢讽刺、批评的风格?

和訳 男性はどうして風刺や批判のスタイルを好んでいるのですか？

第5回	第三部分	問題 P.182	0503.mp3

放送内容 **第三部分**
第31到50题，请选出正确答案。现在开始第31到33题：

和訳 第3部分
問31 ～問50：正しい答えを選んでください。ただ今から問31 ～ 33を始めます。

問題用紙 **第31-50题：请选出正确答案。**

和訳 問31 ～問50：正しい答えを選んでください。

放送内容 第31到33题是根据下面一段话：
从前有一个年轻人，总是埋怨自己运气不好，发不了财，终日愁眉不展。有一天，一个满头白发的老人问他："你为什么不快乐?" 年轻人说："我不明白，为什么我总是这么穷。" 老人说："穷? 你很富有嘛!" 年轻人不解。老人问道："假如挖掉你的双眼，给你10万元，你干不干?""不干。" 老人又问："假如让你马上变成80岁的老人，给你100万，你干不干?""不干。" 老人接着问："假如让你现在马上死掉，给你1000万，你干不干?""不干。" 年轻人不假思索地回答。"这就对了，你已经拥有超过1000万的财富，为什么还埋怨自己贫穷呢?" 老人笑吟吟地问道。年轻人无言以对，突然什么都明白了。

和訳 問31 ～問33までは以下の話から出題されます。
昔ある若者が、運が悪くて金持ちになれないので、毎日浮かない顔をしていた。ある日、白髪を蓄えた老人から「何を鬱々としているのだ？」と聞かれ、彼は「俺、どうしていつまでも貧乏なんだろう」と答えた。老人は「そうか？　持ってるものはあるじゃないか！」と言った。若者が何のことか分からないでいると、老人は聞いた。「目玉をほじくられるのと引き替えに10万元もらえるとしたら、どうだい？」「いやだよ」老人はまた聞いた。「80歳の年寄りになるのと引き替えに100万元もらえるとしたら？」「いやだ」老人は続けて聞いた。「今すぐ死ぬのと引き替えに1,000万元なら？」「いやだ」と、若者はすぐさま答えた。「ほれみろ。1,000万元よりいいものを持っていて、何が貧乏なもんか？」老人は笑いながら聞いた。若者は言い返せなくなって、急に全てを悟った。

31 正解［B］

選択肢
A 年轻人的眼睛瞎了
B 年轻人认为自己穷
C 年轻人没有钱吃饭
D 年轻人很快会死去

和訳
A 若者の目が見えないから
B 若者は自身が貧乏だと思っているから
C 若者は食べるお金を持っていないから
D 若者はまもなく死去するから

放送内容 年轻人为什么不高兴?

和訳 若者はどうして不機嫌なのですか？

32 正 解 [A]

選択肢 A 很富有
B 很贫穷
C 很聪明
D 很孤独

和 訳 A とても恵まれている
B とても貧しい
C とても利口
D とても孤独

放送内容 老人认为年轻人怎么样?

和訳 老人は若者をどう思っていますか？

33 正 解 [D]

選択肢 A 人的生命值一千万块钱
B 不能发财是因为运气不好
C 不满足的人才能获得成功
D 健康和生命比金钱更重要

和 訳 A 人命は1,000万元の価値がある
B 運が悪いから金持ちになれない
C 満足していない者こそが成功をつかむことができる
D 健康と命は金銭よりもっと大切だ

放送内容 这段话主要想告诉我们什么?

和訳 この話は何を言おうとしているものですか？

放送内容 第34到36题是根据下面一段话：
烟草在全世界流行了200多年，直到20世纪，人类才开始认识到烟草的危害。而被动吸烟，即俗称的“吸二手烟”，比原先所预计的还要危险。与吸烟者共同生活的女性，患肺癌的几率比正常人多出6倍；长期生活在吸烟家庭中的儿童，患肺部疾病的风险也大为提高。因此，1987年11月，联合国世界卫生组织建议将每年的4月7日定为“世界无烟日”，并于1988年开始实行。但因4月7日是世界卫生组织成立的纪念日，每年的这一天，世界卫生组织都要提出一项卫生主题。为了不影响卫生主题的提出，世界卫生组织决定从1989年起，将每年的5月31日定为“世界无烟日”。

和訳 問34 ～問36までは以下の話から出題されます。
タバコは全世界に流行してから200年余り、20世紀になるまで、人類はタバコの害を知りませんでした。しかし副流煙（受動喫煙）、いわゆる二次喫煙というのは、もともと考えられていたよりずっと危険なものです。喫煙者と生活している女性は、肺がんになる確率が普通の人の7倍で、長い間喫煙者の家庭で生活していた子供は、肺の病気になる危険がずっと高い。1987年11月に、WHO（世界保健機関）は毎年4月7日を「世界禁煙デー」にすることを提唱し、1988年から実施しました。しかし4月7日は世界保健機関の成立記念日でもあるため、毎年衛生におけるテーマを提出することになっていて、その兼ね合いもあって、世界保健機関は1989年から毎年5月31日を「世界禁煙デー」に指定しました。

34 正解［C］

選択肢
A 吸旧烟
B 直接吸烟
C 被动吸烟
D 吸手中的烟

和訳
A 古いタバコを吸うこと
B 直接喫煙
C 受動喫煙
D 持っているタバコを吸うこと

放送内容 “吸二手烟”是什么意思?

和訳 「二次喫煙」とはどんな意味ですか？

第1回

35 正　解［A］

選択肢　A　4月7日
　　　　B　4月8日
　　　　C　5月7日
　　　　D　5月31日

和　訳　A　4月7日
　　　　B　4月8日
　　　　C　5月7日
　　　　D　5月31日

放送内容　1988年的“世界无烟日”是哪一天?

和訳　1988年の「世界禁煙デー」は何月何日ですか？

36 正　解［B］

選択肢　A　赞成
　　　　B　反对
　　　　C　无所谓
　　　　D　未表明

和　訳　A　賛成
　　　　B　反対
　　　　C　どうでもいい
　　　　D　明らかにしていない

放送内容　说话人对吸烟是什么态度?

和訳　話し手は喫煙についてどんな態度ですか？

放送内容 第37到39题是根据下面一段话：
自然界里，很多东西都能发光，那么，人是否也能发光呢？现代科学证明：每个人的身体都能发出不同程度的光，只是一般人发出的光太弱了，肉眼根本无法看见。但也有些人身体发出的光可以被人看到，比如在20世纪30年代，意大利就有一个身体会发光的女子，到了晚上，她发出的光更为明显。很多科学家都针对人体发光的现象进行了研究。日本一位专家研究发现，饮食不同的人，身体发光的程度也不同：饮食较好、生活水平较高的人身体发出的光比饮食较差、生活水平较低的人发出的光更强。研究还证明，人体发光的颜色也与人体健康状况有关，身体健康的人发出红色的光，而身体有病的人发出灰色的光。不过，人体发光的现象到底是如何产生的，至今仍没有科学、准确的答案。

和訳 問37～問39までは以下の話から出題されます。
自然界では、多くのものが光を出しています。ならば人も発光するのか？　現代の科学では、人体もそれぞれ違った強さの光を出していることが分かっています。ただ、普通の人が出している光は弱すぎて、肉眼では見ることができません。しかし中には目に見える光を出す人もいます。例えば、1930年代のイタリアには、体から光を出すことのできる女性がいて、夜になると、その光はさらにはっきりと見えたそうです。多くの科学者が人体発光現象について研究をしています。日本のある専門家の研究によると、食事の違いによって体から出る光の強さは違うのだそうです。よい食事をしていて生活水準の高い人は、そうでない人より強い光が出るらしいです。さらに、人体から出る光の色はその人の健康状態と関係していて、健康な人からは赤い光が、病気の人からは灰色の光が出るそうです。しかし、人体の発光現象はどのようにして発生するのか、今の科学でははっきりした答えは出ていません。

37　正　解［D］

選択肢
A 年龄
B 性别
C 国籍
D 饮食

和　訳
A 年齢
B 性別
C 国籍
D 飲食

放送内容 人体发光的程度与什么有关？

和訳 **人体の発光程度は何と関係がありますか？**

38 正　解［A］

選択肢 A 红色
B 绿色
C 蓝色
D 灰色

和　訳 A 赤色
B 緑色
C 青色
D 灰色

放送内容 健康的人身体可能发出什么颜色的光?

和訳 **健康な人からは何色の光が出ると思われますか？**

39 正　解［A］

選択肢 A 还没有准确答案
B 受太阳照射产生的
C 身体与空气发生反应
D 由人体中的电形成的

和　訳 A まだ明確な答えはない
B 太陽からの照射で生じる
C 体と空気が反応を起こす
D 人体中の電気から形成される

放送内容 人体发光是如何产生的?

和訳 **人体の発光はどのようにして発生しますか？**

放送内容 第40到42题是根据下面一段话：
中国古代有一个叫晏子的人，非常聪明。有一次，齐国的国王派他访问楚国。楚国的国王知道后就对身边的人说："我听说晏子是个很聪明的人，这次我想给他出个难题，让他在咱们面前丢脸。"于是，他们就商量出了一个坏主意。
几天后，晏子来到了楚国。楚王邀请晏子参加宴会。宴会上，忽然有两个士兵带着一个人来见楚王。楚王故意问道："这人犯了什么罪？"士兵回答："他是齐国人，到我们楚国来偷东西。"楚王于是看着晏子，问："你们齐国人都喜欢偷东西吗？"晏子知道楚王是故意的，就说："我听说橘子生长在南方，味道很甜；而如果生长在北方，味道就很苦。同样都是橘子，为什么味道却大不相同呢？这是因为气候和水土不同的原因啊！现在，这个人在齐国不偷东西，到了楚国却学会了偷东西，一定是楚国的环境使他变成盗贼了吧？"听了晏子的话，楚王满脸通红，一句话也说不出来了。

和訳 問40～問42までは以下の話から出題されます。
古代中国に晏子という人がいて、とても利口でした。ある時、斉の王が彼を楚の国に遣わしました。楚の王はそれを知って周りの者に、「あの晏子とは利口のようだな。ここは難題をふっかけて、我らの前で恥をかかせてやろう」と言いました。そこで彼らは悪企みを考え出しました。
数日後、晏子は楚の国へやってきました。楚の王は晏子を宴会に招いて、そこに突然、二人の兵士が楚の王に謁見する者を連れてきました。楚の王はわざと「これは何の罪を犯した者か？」と聞きました。兵士は「斉の者です。我ら楚の国へ来て、泥棒を働いたんです」と言いました。楚の王は晏子を見て「斉の人間はそんなによく泥棒を働くのかね？」と聞きました。晏子は楚の王がわざとやっていると分かっていたので、こう言いました。「ミカンでも、南の地に生えていれば甘く、北の地に生えていれば苦くなると言います。同じミカンがこうなるのは、どうしてでしょう。それは気候や風土の違いによるものです。この人は斉の国ではなく、楚の国で泥棒を働きました。つまり、楚の国で泥棒を覚えたのです。きっと、楚の国の環境によるものでしょう」これを聞いて、楚の王は顔が真っ赤になって、何も言い返すことができなくなりました。

40 正解［C］

選択肢
A 想请教晏子
B 想考考晏子
C 想让晏子丢脸
D 看晏子是否聪明

和訳
A 晏子に教えてもらおうと思ったため
B 晏子の実力を測るため
C 晏子に恥をかかすため
D 晏子が利口かどうかを確かめるため

放送内容 楚王为什么要给晏子出难题？

和訳 楚の王はどうして晏子に難題を課したのですか？

41 正解 [A]

選択肢
A 说明环境会改变人
B 说明气候会影响植物
C 说明北方的橘子不好吃
D 说明橘子和其他水果不同

和訳
A 環境が人を変えることの説明のため
B 気候が植物に影響することの説明のため
C 北方のミカンは美味しくないという説明のため
D ミカンとそのほかの果物が異なるという説明のため

放送内容 晏子为什么举橘子的例子?

和訳 晏子はどうしてミカンの例を挙げたのですか？

42 正解 [A]

選択肢
A 尴尬
B 开心
C 伤心
D 激动

和訳
A 気まずい
B うれしい
C 悲しい
D 感動した

放送内容 听了晏子的话，楚王有什么反应?

和訳 晏子の話を聞いた楚の王はどういった反応を示しましたか？

放送内容 第43到46题是根据下面一段话：
在中国，有一句俗语，叫做“冬练三九，夏练三伏”。“三九”是指冬至后的第三个“九天”，是一年中最冷的时候。中国自古就有农历“九九”的说法，它是用来计算时令的。计算的方法是从冬至算起，每九天为一个“九”，所以，第一个九天叫“一九”，第二个九天叫“二九”，依此类推，一直到“九九”，即到第九个九天。当“九九”到来时，冬天就过完了，春天也就来到了。
按照老北京的习俗，冬至那天各家各户都要画“九九消寒图”，这个习俗在明代就已经有了。“九九消寒图”是一幅梅花图，梅花上面有81个花瓣，代表九九八十一天，每过一天就用颜色染一个花瓣。等“九九”过完了，梅花上的花瓣也都染完了，春天就到来了，所以叫做“九九消寒图”。在明代的北京，市场上还有印刷好的“九九消寒图”，图中梅花的旁边还有“九九歌”，这让人们在染梅花的同时，也增长了自然知识。

和訳 問43～問46までは以下の話から出題されます。
中国では「冬の三九も、夏の三伏も体を鍛えよ」という諺があります。「三九」とは冬至から3つ目の「9日間」で、1年で最も寒い時期です。中国では昔から旧暦の「九九」という言い方があり、それで季節を数えています。計算の方法は冬至から数えて、九日間を1つの「九」とし、最初の9日間を「一九」、2つ目の9日間を「二九」、そこから「九九」、つまり9つ目の9日間まで続きます。「九九」になれば、冬が終わって春が来るのです。
北京の下町の風習では、冬至の日には各家庭で「九九消寒図（九九耐寒の絵）」を描きます。これは明代からの習慣です。「九九消寒図（九九耐寒の絵）」は梅の花の絵で、花には81枚の花びらがあり、九九の81日間を表しています。1日ごとに花びらに色をつけ、「九九」が終わると梅の花びらが全て色づき、春が来るというわけで、それで「九九消寒図（九九耐寒の絵）」と呼ばれています。明代の北京には、印刷されたものも売られており、絵の横には「九九の歌」も添えられていて、人々は梅の花に色をつけると同時に、自然に対する知識もつけていました。

43 正解 [B]

選択肢 A 立冬
B 冬至
C 小雪
D 大雪

和訳 A 立冬
B 冬至
C 小雪
D 大雪

放送内容 中国农历的“九九”是从什么时候算起的?

和訳 **中国の旧暦「九九」はいつから数えたものですか？**

第1回

44 正 解 [C]

選択肢 A 9天　B 27天
C 81天　D 90天

和 訳 A 9日間　B 27日間
C 81日間　D 90日間

放送内容 中国的“九九”一共多少天?

和訳 中国の「九九」は合計で何日間ですか？

45 正 解 [D]

選択肢 A 吃饺子　B 贴年画
C 唱“九九歌”　D 画“九九消寒图”

和 訳 A 餃子を食べる
B 中国年画を貼る
C「九九の歌」を歌う
D「九九耐寒の絵(九九耐寒の絵)」を描く

放送内容 老北京在“九九”期间有什么风俗?

和訳 北京の下町での「九九」期間はどんな風習がありますか？

46 正 解 [C]

選択肢 A 如何计算“九九”　B 介绍“九九消寒图”
C 中国的“九九”及风俗　D 介绍“九九”和冬至的关系

和 訳 A「九九」をいかに計算するか
B「九九耐寒の絵(九九耐寒の絵)」の紹介
C 中国の「九九」と風習
D「九九」と冬至の関係の紹介

放送内容 这段话主要谈的是什么?

和訳 この話は主に何について述べていますか？

放送内容 第47到50题是根据下面一段话：
许多人认为，改善皮肤颜色的最佳办法是晒太阳。然而，最新的研究成果表明，获得健康肤色的最好方法是多吃胡萝卜、西红柿以及其他水果和蔬菜。
研究人员做了一项实验，在实验过程中，参与者每天吃5份水果和蔬菜，并坚持这种饮食方法至少一个月。然后把参与者们在坚持这种饮食方法之前和之后拍的照片拿给陌生人看，让他们评价这些照片。结果显示，坚持这种饮食方法后拍的照片获得的评价更高。
因此，研究人员认为，每天食用更多含有类胡萝卜素成分的水果和蔬菜的人，会拥有健康的肤色。实验证明，类胡萝卜素能够帮助人体吸收掉体内由压力、紧张等不良情绪带来的有害物质，当人体正处于患病时期，这种效果就更为明显。此外，胡萝卜和西红柿这样的水果和蔬菜中的类胡萝卜素，对我们的免疫系统也都非常有好处。可见，每天吃足量的新鲜水果和蔬菜，不仅有利于人体健康，而且也是保护皮肤的最佳选择。

和訳 問47～問50までは以下の話から出題されます。
多くの人が、肌の色をよくするには日に当たることが最もいいと思っているでしょう。しかし、最新の研究によると、肌の色を健康的にするためにはニンジンやトマト、その他果物や野菜を食べるのが最もいい方法とのことです。
研究員はこんな実験を行いました。被験者は毎日5品の果物や野菜を食べ、それを少なくとも1カ月続けるのです。そして実験前と実験後の写真を知らない人に見せて、どんな評価が出るか調べます。実験後の写真の方が評価が高いという結果が出ました。
ここから、研究員は毎日カロチノイドを多く含む果物や野菜を食べた人の肌は、より健康的な色をしているという結論に達しました。実験によると、カロチノイドはストレスや緊張などの不良な心理状態によって体内に発生する有害物質を吸収するのを助け、病気の時にはこの効果がさらに顕著になるそうです。さらに、ニンジンやトマトのような果物や野菜に含まれるカロチノイドは、私たちの免疫系統にもとてもよいのです。従って、毎日新鮮な果物や野菜を十分に食べることは、体の健康だけでなく、肌の色をよくするために最もよいことなのです。

47	正　解［B］

選択肢　A　做美容
B　晒太阳
C　多运动
D　吃蔬果

和　訳　A　エステへ行く(美容)
B　日に当たる
C　多めの運動
D　野菜や果物の摂取

放送内容　传统认为，改善肤色的方法是什么?

和訳　伝統的に肌の色をよくする方法は何だと思われていますか？

48	正　解［D］

選択肢　A　二者一样
B　文中未说明
C　坚持实验中饮食方法之前的照片
D　坚持实验中饮食方法之后的照片

和　訳　A　両者同じ
B　文中には説明はない
C　飲食方式実験前の写真
D　飲食方式実験後の写真

放送内容　在实验中哪种照片得到的评价更高?

和訳　実験ではどの写真が評価が高かったですか？

49 正 解 [D]

選択肢 A 有助于获得健康肤色
B 吸收体内的有害物质
C 对免疫系统很有好处
D 有效预防癌症等疾病

和 訳 A 健康的な肌色になるのに効果的だ
B 体内の有害物質を吸収する
C 免疫系統に多くのメリットがある
D 癌などの病気予防に有効だ

放送内容 根据这段话，下列哪项不是类胡萝卜素的作用?

和訳 この話からカロチノイド作用に含まれない項目は以下のどれですか？

50 正 解 [D]

選択肢 A 可以长寿
B 改善心情
C 让人聪明
D 使肤色健康

和 訳 A 長生きできる
B 気分をよくする
C 利口にさせる
D 健康的な肌色にさせる

放送内容 吃水果和蔬菜有什么好处?

和訳 果物と野菜を食べることはどういうメリットがありますか？

放送内容 **听力考试现在结束。**

和訳 **聴解試験はこれで終了です。**

解答用紙 6 級　第 1 回

1. [A] [B] [C] [D]
2. [A] [B] [C] [D]
3. [A] [B] [C] [D]
4. [A] [B] [C] [D]
5. [A] [B] [C] [D]
6. [A] [B] [C] [D]
7. [A] [B] [C] [D]
8. [A] [B] [C] [D]
9. [A] [B] [C] [D]
10. [A] [B] [C] [D]
11. [A] [B] [C] [D]
12. [A] [B] [C] [D]
13. [A] [B] [C] [D]
14. [A] [B] [C] [D]
15. [A] [B] [C] [D]
16. [A] [B] [C] [D]
17. [A] [B] [C] [D]
18. [A] [B] [C] [D]
19. [A] [B] [C] [D]
20. [A] [B] [C] [D]
21. [A] [B] [C] [D]
22. [A] [B] [C] [D]
23. [A] [B] [C] [D]
24. [A] [B] [C] [D]
25. [A] [B] [C] [D]
26. [A] [B] [C] [D]
27. [A] [B] [C] [D]
28. [A] [B] [C] [D]
29. [A] [B] [C] [D]
30. [A] [B] [C] [D]
31. [A] [B] [C] [D]
32. [A] [B] [C] [D]
33. [A] [B] [C] [D]
34. [A] [B] [C] [D]
35. [A] [B] [C] [D]
36. [A] [B] [C] [D]
37. [A] [B] [C] [D]
38. [A] [B] [C] [D]
39. [A] [B] [C] [D]
40. [A] [B] [C] [D]
41. [A] [B] [C] [D]
42. [A] [B] [C] [D]
43. [A] [B] [C] [D]
44. [A] [B] [C] [D]
45. [A] [B] [C] [D]
46. [A] [B] [C] [D]
47. [A] [B] [C] [D]
48. [A] [B] [C] [D]
49. [A] [B] [C] [D]
50. [A] [B] [C] [D]

解答用紙 6 級　第2回

1. [A] [B] [C] [D]
2. [A] [B] [C] [D]
3. [A] [B] [C] [D]
4. [A] [B] [C] [D]
5. [A] [B] [C] [D]
6. [A] [B] [C] [D]
7. [A] [B] [C] [D]
8. [A] [B] [C] [D]
9. [A] [B] [C] [D]
10. [A] [B] [C] [D]
11. [A] [B] [C] [D]
12. [A] [B] [C] [D]
13. [A] [B] [C] [D]
14. [A] [B] [C] [D]
15. [A] [B] [C] [D]
16. [A] [B] [C] [D]
17. [A] [B] [C] [D]
18. [A] [B] [C] [D]
19. [A] [B] [C] [D]
20. [A] [B] [C] [D]
21. [A] [B] [C] [D]
22. [A] [B] [C] [D]
23. [A] [B] [C] [D]
24. [A] [B] [C] [D]
25. [A] [B] [C] [D]
26. [A] [B] [C] [D]
27. [A] [B] [C] [D]
28. [A] [B] [C] [D]
29. [A] [B] [C] [D]
30. [A] [B] [C] [D]
31. [A] [B] [C] [D]
32. [A] [B] [C] [D]
33. [A] [B] [C] [D]
34. [A] [B] [C] [D]
35. [A] [B] [C] [D]
36. [A] [B] [C] [D]
37. [A] [B] [C] [D]
38. [A] [B] [C] [D]
39. [A] [B] [C] [D]
40. [A] [B] [C] [D]
41. [A] [B] [C] [D]
42. [A] [B] [C] [D]
43. [A] [B] [C] [D]
44. [A] [B] [C] [D]
45. [A] [B] [C] [D]
46. [A] [B] [C] [D]
47. [A] [B] [C] [D]
48. [A] [B] [C] [D]
49. [A] [B] [C] [D]
50. [A] [B] [C] [D]

解答用紙 6 級　第 3 回

1. [A] [B] [C] [D]
2. [A] [B] [C] [D]
3. [A] [B] [C] [D]
4. [A] [B] [C] [D]
5. [A] [B] [C] [D]
6. [A] [B] [C] [D]
7. [A] [B] [C] [D]
8. [A] [B] [C] [D]
9. [A] [B] [C] [D]
10. [A] [B] [C] [D]
11. [A] [B] [C] [D]
12. [A] [B] [C] [D]
13. [A] [B] [C] [D]
14. [A] [B] [C] [D]
15. [A] [B] [C] [D]
16. [A] [B] [C] [D]
17. [A] [B] [C] [D]
18. [A] [B] [C] [D]
19. [A] [B] [C] [D]
20. [A] [B] [C] [D]
21. [A] [B] [C] [D]
22. [A] [B] [C] [D]
23. [A] [B] [C] [D]
24. [A] [B] [C] [D]
25. [A] [B] [C] [D]
26. [A] [B] [C] [D]
27. [A] [B] [C] [D]
28. [A] [B] [C] [D]
29. [A] [B] [C] [D]
30. [A] [B] [C] [D]
31. [A] [B] [C] [D]
32. [A] [B] [C] [D]
33. [A] [B] [C] [D]
34. [A] [B] [C] [D]
35. [A] [B] [C] [D]
36. [A] [B] [C] [D]
37. [A] [B] [C] [D]
38. [A] [B] [C] [D]
39. [A] [B] [C] [D]
40. [A] [B] [C] [D]
41. [A] [B] [C] [D]
42. [A] [B] [C] [D]
43. [A] [B] [C] [D]
44. [A] [B] [C] [D]
45. [A] [B] [C] [D]
46. [A] [B] [C] [D]
47. [A] [B] [C] [D]
48. [A] [B] [C] [D]
49. [A] [B] [C] [D]
50. [A] [B] [C] [D]

解答用紙 6 級　第 4 回

1. [A] [B] [C] [D]
2. [A] [B] [C] [D]
3. [A] [B] [C] [D]
4. [A] [B] [C] [D]
5. [A] [B] [C] [D]
6. [A] [B] [C] [D]
7. [A] [B] [C] [D]
8. [A] [B] [C] [D]
9. [A] [B] [C] [D]
10. [A] [B] [C] [D]
11. [A] [B] [C] [D]
12. [A] [B] [C] [D]
13. [A] [B] [C] [D]
14. [A] [B] [C] [D]
15. [A] [B] [C] [D]
16. [A] [B] [C] [D]
17. [A] [B] [C] [D]
18. [A] [B] [C] [D]
19. [A] [B] [C] [D]
20. [A] [B] [C] [D]
21. [A] [B] [C] [D]
22. [A] [B] [C] [D]
23. [A] [B] [C] [D]
24. [A] [B] [C] [D]
25. [A] [B] [C] [D]
26. [A] [B] [C] [D]
27. [A] [B] [C] [D]
28. [A] [B] [C] [D]
29. [A] [B] [C] [D]
30. [A] [B] [C] [D]
31. [A] [B] [C] [D]
32. [A] [B] [C] [D]
33. [A] [B] [C] [D]
34. [A] [B] [C] [D]
35. [A] [B] [C] [D]
36. [A] [B] [C] [D]
37. [A] [B] [C] [D]
38. [A] [B] [C] [D]
39. [A] [B] [C] [D]
40. [A] [B] [C] [D]
41. [A] [B] [C] [D]
42. [A] [B] [C] [D]
43. [A] [B] [C] [D]
44. [A] [B] [C] [D]
45. [A] [B] [C] [D]
46. [A] [B] [C] [D]
47. [A] [B] [C] [D]
48. [A] [B] [C] [D]
49. [A] [B] [C] [D]
50. [A] [B] [C] [D]

解答用紙６級　第５回

1. [A] [B] [C] [D]
2. [A] [B] [C] [D]
3. [A] [B] [C] [D]
4. [A] [B] [C] [D]
5. [A] [B] [C] [D]
6. [A] [B] [C] [D]
7. [A] [B] [C] [D]
8. [A] [B] [C] [D]
9. [A] [B] [C] [D]
10. [A] [B] [C] [D]
11. [A] [B] [C] [D]
12. [A] [B] [C] [D]
13. [A] [B] [C] [D]
14. [A] [B] [C] [D]
15. [A] [B] [C] [D]
16. [A] [B] [C] [D]
17. [A] [B] [C] [D]
18. [A] [B] [C] [D]
19. [A] [B] [C] [D]
20. [A] [B] [C] [D]
21. [A] [B] [C] [D]
22. [A] [B] [C] [D]
23. [A] [B] [C] [D]
24. [A] [B] [C] [D]
25. [A] [B] [C] [D]
26. [A] [B] [C] [D]
27. [A] [B] [C] [D]
28. [A] [B] [C] [D]
29. [A] [B] [C] [D]
30. [A] [B] [C] [D]
31. [A] [B] [C] [D]
32. [A] [B] [C] [D]
33. [A] [B] [C] [D]
34. [A] [B] [C] [D]
35. [A] [B] [C] [D]
36. [A] [B] [C] [D]
37. [A] [B] [C] [D]
38. [A] [B] [C] [D]
39. [A] [B] [C] [D]
40. [A] [B] [C] [D]
41. [A] [B] [C] [D]
42. [A] [B] [C] [D]
43. [A] [B] [C] [D]
44. [A] [B] [C] [D]
45. [A] [B] [C] [D]
46. [A] [B] [C] [D]
47. [A] [B] [C] [D]
48. [A] [B] [C] [D]
49. [A] [B] [C] [D]
50. [A] [B] [C] [D]

耳を鍛えて合格!

HSK 6級リスニングドリル

2015年3月20日　第1刷発行

編　者　李増吉
発行者　前田俊秀
発行所　株式会社 三修社
〒150-0001　東京都渋谷区神宮前 2-2-22
TEL03-3405-4511　FAX03-3405-4522
http://www.sanshusha.co.jp
振替 00190-9-7275
編集担当　安田美佳子
印　刷　壮光舎印刷株式会社
CD 製作　株式会社メディアスタイリスト

ISBN978-4-384-05767-6 C1087

本文・カバーデザイン：（有）ウィッチクラフト
翻訳：（株）ファイネックス